中国古代民间建筑

徐 潜 主 编

吉林文史出版社

图书在版编目（CIP）数据

中国古代民间建筑／徐潜主编．—长春：吉林文史
出版社，2013.3（2023.7 重印）
ISBN 978-7-5472-1510-4

Ⅰ.①中…　Ⅱ.①徐…　Ⅲ.①古建筑-中国-通俗
读物　Ⅳ.①TU-092.2

中国版本图书馆 CIP 数据核字（2013）第 063497 号

中国古代民间建筑

ZHONGGUO GUDAI MINJIAN JIANZHU

主　　编　徐　潜
副主编　张　克　崔博华
责任编辑　张雅婷
装帧设计　映象视觉
出版发行　吉林文史出版社有限责任公司
地　　址　长春市福祉大路 5788 号
印　　刷　三河市燕春印务有限公司
版　　次　2013 年 3 月第 1 版
印　　次　2023 年 7 月第 4 次印刷
开　　本　720mm×1000mm　1/16
印　　张　12
字　　数　250 千
书　　号　ISBN 978-7-5472-1510-4
定　　价　45.00 元

序　言

　　民族的复兴离不开文化的繁荣，文化的繁荣离不开对既有文化传统的继承和普及。这套《中国文化知识文库》就是基于对中国文化传统的继承和普及而策划的。我们想通过这套图书把具有悠久历史和灿烂辉煌的中国文化展示出来，让具有初中以上文化水平的读者能够全面深入地了解中国的历史和文化，为我们今天振兴民族文化，创新当代文明树立自信心和责任感。

　　其实，中国文化与世界其他各民族的文化一样，都是一个庞大而复杂的"综合体"，是一种长期积淀的文明结晶。就像手心和手背一样，我们今天想要的和不想要的都交融在一起。我们想通过这套书，把那些文化中的闪光点凸现出来，为今天的社会主义精神文明建设提供有价值的营养。做好对传统文化的扬弃是每一个发展中的民族首先要正视的一个课题，我们希望这套文库能在这方面有所作为。

　　在这套以知识点为话题的图书中，我们力争做到图文并茂，介绍全面，语言通俗，雅俗共赏。让它可读、可赏、可藏、可赠。吉林文史出版社做书的准则是"使人崇高，使人聪明"，这也是我们做这套书所遵循的。做得不足之处，也请读者批评指正。

编　者

2012 年 12 月

目 录

胡　　同

胡同，也叫"里弄""巷"。是指城镇或乡村里主要街道之间比较小的街道，通过它可以一直通向居民区的内部，它是沟通当地社区和交通不可或缺的一部分。在中国，尤以北京的胡同最为著名。可以说，它是北京地方文化的一大特色。进入现代化的北京城，人们感兴趣的往往不是那鳞次栉比的高楼大厦、四通八达的宽马路，而是那曲折幽深的小小胡同，温馨美丽的四合院。因此，有人称北京的古都文化为"胡同文化"或"四合院文化"，此话实不为过。

一、胡同的历史变迁

"胡同"之称由来已久，据专家考证，胡同二字意指"水井"。当年，有水井的地方为居民聚集之地。因此，胡同的本意应为居民聚集之地。还有一种说法：胡同最早起源于元朝，在蒙古语中是"小街巷"的意思。每个城市都有

众多的小巷，不同城市对小巷有不同的称呼。北京的小巷叫"胡同"，像血管一样维系着北京人的生活。"有名胡同三百六，无名胡同赛牛毛"，这句流传甚广的俗话反映了北京曾经胡同密布的情形。这些破旧然而历史悠久、普通却又含蕴丰富的胡同每天上演着北京人的普通生活，更记载着千年古都的历史演变。

北京的胡同大多形成于 13 世纪，到现在已经经过了几百年的演变发展。在北京，胡同被称为城市的血脉，北京胡同历经了数百年的风雨沧桑，它是老北京人生活的象征，是北京古老文化的体现，现今国家非常重视北京胡同的文化发展，北京旅游局在一些保护较好的胡同中，开辟出了游览专线，旅游者可乘坐旧式三轮车游览胡同，还可到住在胡同里的百姓家做客，北京的胡同文化就这样传播到了全世界。

北京胡同名称从元朝开始形成，一直都只是靠人们口头相传，至于用文字写在标牌上挂在胡同口上，是到民国后才有的。在明代就多达几千条，其中内城有 900 多条，外城 300 多条。清代发展到 1 800 多条，民国时有 1 900 多条，新中国成立初统计有 2 550 多条。

明清时期主要的交通方式以马车、轿子为主，所以胡同一般不是很宽，随着经济和城市建设的发展，很难满足现有的交通出行方式，所以也拆迁改造了一些，来到北京的游客，经常问到的一个问题就是"北京的胡同在哪里？"北京胡同最多时有 6 000 多条，历史最早的是朝阳门内大街和东四之间的一片胡同，规划相当整齐，胡同与胡同之间的距离大致相同。南北走向的一般为街，

中国古代民间建筑

相对较宽，如从北京火车站到朝阳门内大街的南小街和北小街，因过去以走马车为主，所以也叫马路。东西走向的一般为胡同，相对较窄，以走人为主，胡同两边一般都是四合院。

　　胡同与四合院的完美组合，体现出元朝统治者在城市建设与管理方面的高明之处。胡同横平竖直，四合院错落有致，怎么看都像是军事化管理的结果。有了胡同的分割与疏通，北京城便成了一座由游牧民族安营扎寨的大军营。难怪著名作家汪曾祺在散文《胡同文化》中赞叹道："北京城像一块大豆腐，四方四正。城里有大街，有胡同。大街、胡同都是正南正北，正东正西。"北京人的方位意识极强，方位感强，恐怕也是蒙古人的遗传，他们在一望无际的大草原上游牧时，一般都要根据日出日落来辨认方向，才不至于迷路。

　　北京人是讲究走路的。因为老北京城无论大街小巷，多是横平竖直，所以北京人走路无法取巧，无论选择什么都是拐硬弯儿，比较一下也还是一样长短。即使是这样，北京人走路依然是有选择的。走大街，干净倒是干净，就是乱，搅和得你不得安生。穿胡同，鞋子容易吃土，但似乎更安全，你不愿意见的人或事儿，多绕一下也就"躲过去"了。北京的胡同不仅是城市的脉络、交通的要道，而且是北京普通老百姓生活的场所，是京城历史文化发展演化的重要舞台。它记载了历史的变迁、时代的风貌，并蕴涵着浓郁的文化气息。

胡同

二、胡同的建筑

北京的胡同星罗棋布，每条胡同都有一段掌故或传说。北京的胡同，绝大多数都是正东正西，正南正北，横竖笔直的走向，从而构成了十分方正的北京城，也表明了北京这座古城是经过精心规划，依照棋盘形的蓝图建筑的。又由

于住宅是坐北朝南的四合院，相互排比而组成胡同，所以东西向的胡同多，南北向的胡同少。而这种规划正是吸取历代帝都的建造经验，体现了我国历代建造城市的传统特色。

从地理位置上划分，前门以北的胡同一般较宽，规划比较整齐，前门以南的胡同一般较窄，规划也不整齐。因为在清代时，清政府为了安全，不允许外地来京人员住在京城内，所以外地人集中住在前门和崇文门外，也因此形成了前门商业区。在外来人员中许多是来京赶考的举人，因此形成了琉璃厂文化街，天桥地区有许多娱乐场所，北京的剧院也都集中在南城。北京城内老百姓集中活动的场所在什刹海一带。

北京的胡同里有很多有特色的建筑，它反映了在各个时期里的不同事件和风格，形成了特有的胡同建筑文化。胡同里的建筑几乎都是四合院，四合院是一种由东西南北四座房屋以四四方方的对称形式围在一起的建筑物。正规的四合院都是坐北朝南，由北房、南房、东西厢房四面围合而成，并由此而得名。北房称"正房"，南房又称"倒座儿"。大门位于宅院的东南角上，各房之间用卡子墙相连，从而形成封闭式院落。四合院中的房屋是按宗法礼教制度的要求设置的。封建制度的家族常常是几世同堂，又有男女仆婢，这就要求长幼有别、上下有别、内外有别。全住在同样的房子里自然不成，散居各处又不便管理，只有全封闭式的"四合院"能够满足这些要求。于是，这种主仆分明，既有分割，又便于管理的建筑形式就成了居民乃至官室、王府建筑的传统布局，北京四合院虽为居住建筑，却蕴涵着深刻的文化内涵，是中华传统文化的

载体。

四合院的装修、雕饰、彩绘处处体现着民俗民风和传统文化，表现了人们对幸福、美好、富裕、吉祥的追求。门楼、牌匾、门楣、花窗、雕墙等部位的镂刻书画内容，把传统艺术文化直接形象地在四合院中表述出来。装饰物在四合院建筑中起到了画龙点睛的作用，反映出人们对人生的祈求、向往和对生活的热爱之情，是幸福、长寿、富贵、志向的化身。整个四合院显示出智慧、朴素和民风习俗的美，北京四合院历经了近千年的风雨沧桑，它是北京文化的象征，更是人类文明的象征。

今天，北京的街巷里，还保存着十余处王府，大都是清代建筑，包括五间三启门和三间一启门两种规格的府门。现在胡同里留下的多是亲王、郡王的府邸，多为坐北朝南，门前有大石狮一对，并配有上下马石、拴马桩和照壁。保存完好的五间三启门王府，如：后海北岸的清醇王府，前海西路北恭王府，安定门内方家胡同的循郡王府，张自忠路的和敬公主府。明清时期的官宦之家多为广亮大门，门楼高大，门头及窗檐上装饰着精美的砖雕图案，显示着主人的身份。文官雕刻为多宝阁、大象等图案或梅、兰、竹、菊、松等图案；武官雕刻狮子、海马等图案，有宽阔的大门洞，并设有木制懒凳一对。门楼下有七或九级石台阶，是宅主人品位的标志，门前很宽敞，放置着一对上马石，门楼右边的倒座儿墙上装配着三四个石圈，内有大铁环，名为拴马桩。

在北京胡同里，数量最多的是如意门，其建筑造型独具特色，门框两侧砌砖墙，门楣与两侧砖角交接处砌成如意状的砖饰，表示"吉祥如意"，故称如意门，又有大如意门、小如意门之分，门楼造型优美，砌工考究，门头栏板和敞檐上面雕刻砖雕图案，门簪上有木雕花卉或文字图案。四合院大门门槛两旁的石墩，建筑学上称为问枕石，它既起门楼的造型装饰作用，又使门框得以加固。年代久远的多为鼓形，称为"抱鼓石"，民间也有称其为"鼓抱石"的，这样的称呼更有其形象性，古老的抱鼓石上部雕有龙头或卧狮，下部的正面和侧面雕有内容丰富的图案，如：蝙蝠叼古钱画面，谐音"福在眼前"；狮子滚绣球图案，表示主人的武官身份。

三、胡同文化

文化，是个复合的整体，包含知识、信仰、艺术、道德、法律、习俗和个人作为社会成员所必需的其他能力和习惯。简单地说，文化是人们生活意识、习惯、观念等的集合。说起文化，许多人可能觉得高深莫测，探讨文化问题，必定是学者专家的"专利"。而说起胡同文化，可以说是北京的特色文化之一。老北京城是由胡同组成的，紫禁城和皇家园林只是北京大面儿上的东西，北京的精髓其实是在胡同里。北京的胡同方方正正、胡同内的四合院规规矩矩，胡同、四合院影响了北京人的生活，反过来也可以说北京人的文化造就了胡同和四合院。

胡同文化的内涵是什么呢？汪曾祺曾在《胡同文化》有如下概括："胡同文化是一种封闭的文化""北京人易于满足，他们对生活的物质要求不高""北京人爱瞧热闹，但是不爱管闲事""北京胡同文化的精义是'忍'，安分守己，逆来顺受"等等。可以说胡同文化也是良莠不齐，应该有弘扬，也应该有抛弃。

胡同文化，并不是仅局限于住在胡同内四合院里的人。北京这些年发展很快，很多胡同、四合院消失了，许多人搬进高楼大厦，住上宽敞的公寓，甚至拥有私家别墅，但是胡同文化的传承仍表现在他们的身上。富裕的现代生活，并没有隔绝他们和胡同文化千丝万缕的精神联系，胡同文化的根，仍然深植在这些人的心中。

胡同是没落了，失去根源的胡同文化也将没落，不过文化的没落不等于物质的消失。胡同文化会转移、分解、传承到新的载体上。在迈向现代文明的旅程中，既要创造新的文化，也要继承优秀的传统文化。

北京许多胡同还富有历史意义。作为元、明、清三代帝都的北京，如司礼监胡同、恭俭胡同、织染局胡同、酒醋局胡同、钟鼓司胡同、惜薪司胡同、蜡

中国古代民间建筑

库胡同、瓷器库胡同等等，都是历代内府太监的监、局、司、库，各衙门所在地，显示了当时皇城的范围。从前众多的衙署也遗留下不少胡同地名，如东厂胡同是明代有名的锦衣卫所在地，是太监残害忠良的地方。南、北太常胡同，是以太常寺而取名。贡院胡同，为明清的考场。手艺好的手工业者、买卖公道的商贩，也因居所被人叫熟，慢慢形成了胡同。如刘兰塑胡同、磨刀儿胡同、粉房刘胡同、豆腐陈胡同、沙锅刘胡同等。甚至一般老百姓名字也成了胡同的名称，如王老胡同、石老娘胡同、宋姑娘胡同等等。据说这类以贫贱者命名的胡同大大超过以权贵者命名的胡同，这是北京胡同名称值得称道的地方。

北京胡同历经了数百年的风雨沧桑，它是老北京人生活的象征，是北京古老文化的体现，现如今国家非常重视北京胡同的文化发展，北京旅游局在一些保护较好的胡同中，开辟出了游览专线，旅游者可乘坐旧式三轮车游览胡同，还可到住在胡同里的百姓家做客。北京的胡同文化就这样传播到了全世界。

目前，北京古老破旧的大杂院正被现代化的楼房所取代，旧胡同也将失去它赖以存在的基础。不过，为保持北京的古都风貌，许多著名的胡同已被当做文物保留下来了，它为我们新兴的首都保存了一丝古老的色彩。现在，北京胡同文化发展已经开发出了一项旅游新项目——串胡同，来自四面八方的外国朋友乘坐北京古老的交通工具人力三轮车，经什刹海西沿，过银锭桥到鼓楼，登楼俯看北京旧城区和四通八达的胡同，然后前往后海地区，参观京城古老的南北官房胡同、大小金狮胡同、前后井胡同，走进普通的四合院，和北京人聊一聊，了解普通北京人的生活，最后沿柳荫街到有"红楼大观园"之称的恭王府，体验旧时王公贵族的居住环境和御花园。

胡

同

四、胡同人物

北京胡同里的名人故居备受推崇，随着时间的推移，"故居"的价值与日俱增。北京胡同里的故居，住有伟人、著名文学家、永载史册的艺术家、闻名世界的运动员、享誉中外的历史人物，还有皇帝、国家元首等，北京胡同正是因为有各类不同人物的故居，才组成了完整的居住群，才孕育出胡同的历史。

（一）砖塔胡同 95 号——张恨水写完最后的岁月

张恨水原名张心远，安徽潜山岭头乡黄岭村人。生于江西广信的一个小官吏家庭，1949 年任中央文史馆馆员。1917 年开始发表作品。北京解放不久，张恨水突发脑溢血而偏瘫，这时，周总理派人来了，了解了他的困难，他被聘为文化部顾问，有了一份固定工资，生活有了基本保证。为节约开支，他卖掉了赵登禹路的大四合院，搬进了砖塔胡同 95 号这座小院。后来周总理又指示有关部门安排张恨水任中央文史馆馆员，彭真市长也指示北京市文化局给他提供生活补贴，张恨水的生活有了可靠的保证。张恨水的新家虽不能与原宅相比，但却收拾得干净利落，种了许多花，小院里洋溢着社会的安详与家庭的温馨。

1953 年后，张恨水又恢复了写作，他对解放后的新生活不熟悉，于是便投入对民间文学的挖掘与整理，写出了《梁山伯与祝英台》《白蛇传》《孟姜女》《孔雀东南飞》《凤求凰》等一批群众喜闻乐见的作品。

1967 年 2 月 15 日晨，72 岁的张恨水在砖塔胡同小院内平静地逝去。

（二）大院胡同 9 号——郭沫若的另一处故居

郭沫若故居在前海西沿 18 号，现已辟为郭沫若纪念馆，这是人所共知的，

中国古代民间建筑

但他是1963年11月才迁到前海西沿的，在此之前他住在大院胡同9号。

大院胡同9号是清朝的多罗贝勒府，建国后不久，郭沫若即被安排住在这里。住在大院胡同9号时，是郭沫若意气风发、最有作为的年代，他先后任政务院副总理兼文化教育委员会主任、中国科学院院长兼历史研究所所长、中国科学技术大学校长、中国文学艺术联合会主席、中国人民保卫世界和平委员会主席等等，对我国的教育、科技、文化、艺术等许多方面的发展都有突出贡献，他也是对外交往中的活跃人物。在繁忙的政务活动之余，他还写出了《蔡文姬》《武则天》等名剧和大量热情洋溢的诗歌。现在的大院胡同9号是某机关宿舍，院内收拾得干净整齐，但原院门已被封死，院内的三层楼房也是后建的，原格局已不复存在。

（三）豆腐池胡同与杨昌济、毛泽东

杨昌济的故居在钟楼后面的豆腐池胡同。这是一条被大槐树所遮盖的古老的住宅区。附近有座以铸钟传说而出名的铸钟娘娘庙。在胡同的中段有一棵很显眼的大槐树。槐树下有一个小四合院，那里就是杨昌济故居，他与女儿杨开慧就住在这里。毛泽东曾在一进门左手的那一间寄居过。如今，房屋结构是过去的老样子。

（四）宋庆龄故居

在德胜门附近的后海那里，有一片被高高的院墙围起来的房子，这就是宋庆龄的故居。宋庆龄自1963年开始，直至1981年5月29日逝世时止，一直住在这里，现在是宋庆龄纪念馆，对外开放。一进入大红门，便可透过郁郁葱葱的树木看到中西合璧的豪华建筑。这里曾是清朝最后一个皇帝溥仪父亲醇亲王载沣的王府，也是溥仪的出生地。

（五）小羊圈胡同与老舍

老舍生于 1899 年，是北京贫穷的满族旗人，排行老二。2 岁时，在紫禁城当警卫兵的父亲死于义和团之乱，在一贫如洗的家庭中，由母亲一手将他抚养成人。老舍住在胡同的后巷，在这里他体验到人生的许多滋味，在他诸多不朽的作品中，都有胡同的影子。

老舍出生的小杨家胡同就是老舍先生在《四世同堂》里描写的小羊圈胡同，老舍就出生在这条胡同的 8 号，并度过了童年。8 号的院子已经拆过重建，院里的老枣树倒还是原先老舍家的。

（六）后圆恩寺胡同与茅盾

茅盾最初的家是东城区东四头条胡同。过去在北京数得上的一条繁华大街隆福寺街，往东去就是东四的十字路口，在深巷里有茅盾的家。遗憾的是，1980 年左右此处已经改建，1974 年 11 月茅盾搬到了东城区后圆恩寺胡同 13 号。

（七）丞相胡同与严嵩

宣武门外有一条叫丞相胡同的横街，即因严嵩曾在此居住而得名。此外，在旁边的南半截胡同还有着王公贵族所不及的称作"七间楼"的巨大宅邸。

名人故居索引表

名人	居住地点
艾青	东四十三条 97 号（东城区）
冰心	中剪子巷 33 号（东城区）
蔡锷	北棉花胡同 66 号（西城区）
	钱粮胡同（东城区）

中国古代民间建筑

蔡元培	南半截胡同 7 号（宣武区）
	东堂子胡同 75 号（东城区）
	城防街 45 号
曹汝霖	前赵家楼胡同（东城区）
曹梦君	辟才胡同（西城区）
曹雪芹	广渠门内大街 207 号
查礼	烂漫胡同（宣武区）
陈德霖	百顺胡同 55 号（宣武区）
陈独秀	箭杆胡同 9 号（东城区）
陈圭	西四北六条（西城区）
陈墨香	烂漫胡同（宣武区）
陈亚南	方家胡同 27 号（东城区）
陈毅	前永康胡同 9 号（东城区）
大白玉霜	天桥胡同（宣武区）
董希文	西总布胡同 74 号（东城区）
	大雅宝胡同 5 号（东城区）
多尔衮	缎库胡同（东城区）
凤仙	东棉花胡同 15 号（东城区）
福康安	东四二条（东城区）
傅良	什锦花园胡同（东城区）
聂耳	宣外珠朝街胡同南会馆（宣武区）
	上斜街（宣武区）
	烂漫胡同（宣武区）
郭沫若	前海西街 18 号（西城区）
	大院胡同（西城区）
郭守敬	西城区后海 46 号（西城区）
韩元少	韩家胡同（宣武区）
洪源	香厂子胡同（海淀区）

胡

同

11

蒋兆和	竹竿胡同（东城区）
靳云鹏	棉花胡同 39 号（东城区）
纪晓岚	珠市口西大街 241 号（宣武区）
康有为	韶九胡同 23 号（东城区）
	校尉胡同（东城区）
老舍	小羊圈胡同（西城区）
	丰盛胡同 19 号（西城区）
	丰富胡同 19 号（东城区）
李敖	东城内务府街甲 44 号
梁启超	北沟沿胡同 23 号（东城区）
林则徐	贾家胡同（宣武区）
刘少奇	南四眼井胡同 2 号（西城区）
刘墉	礼士胡同 43 号（东城区）
茅盾	交道口后恩寺 13 号

中国古代民间建筑

五、胡同命名

　　山有山名，河有河名，人也有人名，每一样事物都有一个固定的代号，胡同自然也不能例外。人们对胡同的最初命名，是根据其某一方面的特征，经过流传，最终被大家所接受并确定下来的。而这个名称一旦被人们接受，就确确实实地代表了这条胡同在整个城市中的方位，成为人们通信、探访、交往活动中不可缺少的标志，同时也是区别它与其他胡同的依据。

　　北京胡同的名称由来也是五花八门、包罗万象，既有江（大江胡同）河（河泊厂胡同）湖（团结湖）海（海滨胡同）、山（图样山胡同）川（川店胡同）日（日升胡同）月（月光胡同）、人物（张自忠路）姓氏（贾家胡同）、官府（帅府胡同）衙署（大兴县胡同）、寺（柏林寺胡同）庙（娘娘庙胡同）庵（观音庵胡同）堂（老君堂胡同），又有市场（菜市口）、商品（银碗胡同）、第宅（赵府胡同）仓库（海运仓胡同）、工厂（打磨厂街）、地形（高坡胡同）、标志（麒麟碑胡同）、花（花枝胡同）草（草园胡同）鱼（金鱼胡同）虫（养蜂夹道），还有云（云居胡同）、雨（雨儿胡同）、星（大星胡同）、空（空厂）、水（水道子胡同）、井（井儿胡同）、港（港沟）、湾（湾子）、风（风发胡同）、雷（雷震口）、电（电报局街）、火（火药局胡同）、树木（枣树胡同）瓜果（果子胡同）、鸡（鸡爪胡同）鸭（鸭子店）鱼（鲜鱼口）肉（肉市街）等等。

　　老北京的地名很生活化，不像其他城市的胡同街道，总喜欢用城市名称来命名——比如"南京路""广州路"什么的。北京的"扁担胡同"有11条，"井儿胡同"有10条。既然人们开门就有七件事，所以北京也就有了柴棒胡同、米市胡同、油坊胡同、盐店胡同、酱坊胡同、醋章胡同和茶儿胡同；既然人在生活中经常要接触金、银、铜、铁、锡这五种金属，于是就又有了金丝胡同、银丝胡同、铜铁厂胡同、铁门胡同和锡拉胡同，走在这类名字的胡同里，人觉得踏实。

　　中国是历史悠久的文明古国，历来崇尚高水平的道

 胡同

13

德伦常，净化人们的心灵境界，在不少北京胡同名称中，体现了这种精神。先辈教导我们：要精忠报国，有精忠巷；要忠诚老实，有诚实胡同、忠实巷、忠厚里、忠信巷、忠恕里；要忠于职守，有敬业里、敬胜胡同；要恭敬勤俭，有恭俭胡同、勤劳胡同、扬俭胡同、尚勤胡同、勤俭胡同、惜薪胡同；要自强不息，有自强里、富强胡同；要礼贤下士，有礼士胡同、敬贤胡同；要做人仁义，有居仁里、义善里、义达里、仁合里、信善里、信义大院；要树立新德新风，有新德街、新风街、新革路、新进庄、新潮胡同、育德胡同、智德胡同、德源胡同；要清正廉洁，有养廉胡同、廉让胡同。其他如弘善胡同、群力胡同、众益胡同、思源胡同、孝顺胡同、教子胡同、育新街、言志胡同、刚毅胡同、建功里、自新路、共进里、康乐里、和平里、复兴路、光明里、永泰胡同、惜阴胡同、博学胡同、参政胡同、荣盛胡同、荣兴胡同等等，其名称都与我们提倡与弘扬的优良道德，每个人都应具备的品格情操直接相关，它将会潜移默化地对人们的道德修养起到正面诱导作用。

北京的胡同大多直来直去，但也有弯曲迂回的，北京新桥附近有个九道弯胡同，共有二十多个弯。北京的胡同宽窄不一，宽的敞亮，窄的幽深。最窄的胡同是前门外大栅栏地区的钱市胡同，最窄处仅 40 厘米，仅能容一个身材"苗条"的人通过。在众多的胡同中，年代最久远的就算三庙街胡同了，三庙街的历史可以追溯到 900 多年前的辽代，当时叫"檀州街"，北京城经过了几百年的变迁，可三庙街胡同始终保持着 900 年前的姿态，静静地候在北京的一角，看着北京人一代代繁衍，观着北京城一步步的演变，这个数百岁的"老人"就是新、老北京的见证。

（一）胡同命名的方式主要有以下几种形式：

1.以形象标志来命名

许多胡同都是以一个较明显的形象标志来命名的，这也表现出北京人的实在、直爽和风趣。其中有以形状命名的胡同：较宽的胡同，人们顺嘴就叫成了

中国古代民间建筑

"宽街儿"、窄的就叫"夹道儿"、斜的就叫"斜街"、曲折的叫"八道弯儿"、低洼的有"下洼子"、细长的叫"竹杆儿"、扁长的称"扁担"、一头细一头粗的叫"小喇叭"，像旱烟袋的就叫"烟袋斜街"。其他像特别窄的叫"耳朵眼胡同"，极其窄的叫"针尖胡同"，还有什么罗圈儿胡同、椅子圈儿胡同等等，胡同的名称反映出胡同与人们日常生活之间的密切关系。还有以特殊标志命名的胡同，如：堂子胡同、石虎胡同、柏树胡同、铁狮胡同等。

2. 以地形特色、景物命名

如金鱼池、龙须沟、北河沿等，又如崇文区的三里河大街，是以明代开凿于此的三里河命名的；广安门外元代以前有莲花水域，因而留下了莲花池胡同、莲花池东路、莲花池西里等地名；什刹海一带的银锭桥，风景优美；燕京八景之一的"银锭观山"即是这里现在尚存的银锭桥胡同，是直接由银锭桥命名的。

3. 以建筑或遗址命名

如东城区交道口的府学胡同，因明清两代的顺天府学坐落在其中而得名，建国门内有贡院头条、二条胡同，是因明清两代的贡院设在此地而得名，其他如黄寺大街、东厂胡同、禄米仓胡同、西什库胡同、国子监街等都属于此类。

4. 以商业故地和商业名称命名

崇文的花市地区，自清代中期便有人家以种植、制作并销售真假花为业，现在留下的西花市大街、东花市大街、花市上头条、花市下头条等街巷胡同，都与花市有关；东四以南的灯市口大街，从明朝起就是有名的灯市，因此留下了灯市口这个地名；宣武门外的菜市口，曾是蔬菜交易市场；西城区有条斜街，名为烟袋斜街，这条街上，从清代至民国，直至解放，有许多商店卖烟袋，还在店门前悬挂一根大木制烟袋为幌子，这样就自然地定名为烟袋斜街。其他如晓市大院、牛街、珠宝市、果子巷、干面胡同、钱粮胡同、磁器口等，皆属此类。

5. 以地名命名

早年间，最显眼、最突出的标志要数城门、庙宇、牌楼、栅栏、水井、河流、桥梁厂，所以就出现了以此命名的西直门内、西直门外大街、前后圆恩寺胡同、东四（牌楼）、西单（牌楼）、大栅栏、水井胡同、三里河、银锭桥胡同等胡同名称。

6. 以树木植物命名

有的小胡同附近没有特别显眼的标志，但是胡同里种的树多，于是就有了"柳树胡同""枣林胡同""椿树胡同"等以树命名的胡同。

7. 以方位命名

许多胡同在起名时为了好找，还在胡同名称前加上了东、西、南、北、前、后、中等方位词，如：东坛根胡同、西红门胡同、南月牙儿胡同、北半壁胡同、前百户胡同、后泥洼胡同、中帽胡同等。

8. 以人物姓氏命名

东城文丞相胡同以南宋丞相文天祥姓氏命名；西城李阁老胡同，是因为明代文渊阁大学士李东阳曾住在这里；西城祖家街，因为这里是明末战将祖大寿宅院所在地；其他如张自忠路、赵登禹路、石附马大街、张皇亲胡同、方家胡同、史家胡同、蔡家胡同、蒋家胡同等等，皆属此类。

9. 以北京的土语命名

因为胡同名称是住在胡同里的北京人自发起的，所以有不少北京的土语在里边，如：背阴儿胡同、取灯儿胡同、闷葫芦罐儿胡同、笤帚胡同、胰子胡同、嘎嘎胡同等。另外还有不少胡同带有"儿"音，更显得"京味儿"十足，如：罗儿胡同、鸦儿胡同、雨儿胡同、上儿胡同、帽儿胡同、盆儿胡同、井儿胡同等。

10. 以吉祥话命名

有些胡同名称还能表露出人们的美好愿望，人们总乐意用一些吉利的字来给胡同起名。像带有什么"喜"啊、"福"啊、"寿"啊等字眼的胡同就有喜庆胡同、喜鹊胡同、福顺胡同、福盛胡同、寿长胡同、寿逾百胡同等等。还有带着"平""安""吉""祥"等字眼的平安胡同、安福胡同、吉市口胡同、永祥胡同等等。另外还有富于浪漫色彩的胡同名称，如"百花深处"等。

11. 以衙署官方机构命名

如禄米仓、惜薪司、西什库、按院胡同、府学胡同、贡院胡同、兵马司等，以皇亲国戚、达官贵族的官衔命名的胡同，如永康侯胡同、武定侯胡同、三保老爹胡同、吴良大人胡同等。

12. 以市场贸易命名

如鲜鱼口、骡马市、缸瓦市、羊市、猪市、米市、煤市、珠宝市等。

13. 以寺庙命名

如隆福寺街、大佛寺街、宝禅寺街、护国寺街、正觉寺胡同、观音寺胡同、方居寺胡同等。

（二）北京街道、胡同名称的变革

北京胡同的名称变化很大，从时代来看，明清两代北京社会情况和城市建制基本相同，胡同名称改变并不太大。一般多是音转，例如总布胡同称总铺胡同；罗锅巷称罗鼓巷等。到了清末民初以至解放前，北京社会情况有了巨大变化，街道、胡同的名称有了较大的变革。一种情况是，有的胡同名称确实粗俗不雅，为人们厌恶，遂采用谐音字代替，或换以近音字变更。如粪厂胡同改名奋章胡同，裤裆胡同改名库藏胡同，臭皮胡同改名受壁胡同，屎壳郎胡同改名时刻亮胡同等等。另一种情况是，随社会制度和行政机构的变化，胡同名称也随着改变，例如清代石驸马大街，因民国后把这个胡同内的原礼部旧址作为当时的教育部，遂改名为教育部街。到了"七七"事变前，国民党统治时期把北京市党部设在原教育部旧址，又把这条街改名为市党部街。到了日伪时期，又在旧市党部旧址设立教育总署，遂又恢复了教育部街的旧名。解放后又改为教育街。又如前门里原有刑部街，民国后改为司法部街，到国民党统治时期又改为省党部街。此外还有一种情况，即有些达官显贵，当权之际，想要扬名自己，而把自己住地名称换以文雅、吉祥的称号。如北洋军阀段祺瑞把他居住的鸡罩胡同改为吉兆胡同；东北大军阀万福麟把他住的徽子胡同改名槐里等等。

北京城内街道名称的变革，从清末辛亥革命到新中国成立以来，其间有过以下几个时期变更较大：

1. 民国初期，由于辛亥革命的影响，社会上

改良风气大盛，城市街道、胡同名称也随着起了变化。如前面所说的将粗野不雅改为雅善悦耳，例如驴市胡同改为礼士胡同、驴肉胡同改为礼路胡同、追贼胡同改为垂则胡同、大臣巷改为大陈线胡同。还有因政府机构的设立而把街名改变的，如勾栏胡同改为民政部街等等。

2. 1929 年北伐以后，国民党统治北京，把北京改为北平。这次改革是在以前改革的基础上对重名或易混的胡同名加以改变。北京的胡同的命名，最初多系居民自发的，因此无统一的规划，遂重名较多。例如扁担胡同就有十四处，箭杆胡同有八处。据统计，城区两处以上重名的胡同竟有六百多条。如狗尾巴胡同内外城有三个，分别改为高博胡同、高谊胡同、高义胡同。又如东官房、中官房、西官房都在厂桥西，黄城根路北。三个胡同相临易于混淆，于是改西官房为五福里，中官房为福寿里，只东官房保留原名。另外还有一种情况，把原来的以衙署命名的胡同，用借言或谐音改为新名，如定府大街改为定阜大街；内府库改为纳福胡同；内宫监改为内恭俭胡同；宗人府改为孔德东西巷；赃罚库改为永祥里等等。

3. 解放后，由于城市规模变动较大，街道、胡同名称也多次变更，1964 年前后，北京市公安局为了便于群众识别，决定在各重要街道设置路标，并在各胡同设胡同牌。因此对北京街道、胡同的历史、沿革及现状作了调查，并进行了街道、胡同名称的调整。当时统计，北京城内街道、胡同有四千多条，其中有 40％都有所变更。当时城内以寺庙命名的胡同很多，除个别的保留原名外，多数都把寺字取消，例如净土寺胡同改为净土胡同，兴化寺街改为兴华胡同，宝禅寺街改为宝产胡同，延寿寺街改为延寿胡同等等。

有的把原胡同名取消，代以新名，例如东城交道口南的寿比胡同、菊儿胡同、后圆恩寺胡同、前园恩寺胡同、秦老胡同、北兵马司胡同、东棉花胡同、板厂胡同、炒豆胡同等九条胡同，改为交道口南头条至九条。孙中山先生在铁狮子胡同住过，铁狮子胡同已有几百年历史，住过不少名人，有北洋政府时代的执政府，发生过震惊中外的"三一八"惨案，是一条有历史意义的胡同。

中国古代民间建筑

北京新、旧胡同名称的变革

旧胡同名	新胡同名	旧胡同名	新胡同名
安成家胡同	安成胡同	安福胡同	东安福胡同
安国寺	安国胡同	巴巴胡同	八宝胡同
白帽胡同	白庙胡同	柏树胡同	百顺胡同
宝子胡同	包头胡同	八角胡同	东八角胡同
柏兴胡同	博兴胡同	豹花胡同	报房胡同
扁担胡同	平安胡同	草场胡同	后椅子胡同
叉手胡同	抄手胡同	背阴胡同	惜阴胡同
菜帮胡同	白庙胡同	草厂胡同	草园胡同
车子胡同	跨车胡同	神仙胡同	菜市口胡同
大吉祥胡同	小珠帘胡同	大井胡同	天景胡同
大牌坊胡同	北牌坊胡同	席儿胡同	大席胡同
椿树胡同	育树胡同	大李纱帽胡同	大力胡同
烟筒胡同	大通胡同	当铺胡同	东手帕胡同
东井儿胡同	东胜胡同	斗鸡坑	棉花胡同
豆芽菜胡同	民强胡同	倒钞胡同	宝钞胡同
钓儿胡同	东镇江胡同	豆须胡同	豆嘴胡同
段家胡同	滨海胡同	豆腐巷	丰收胡同
缎库前巷	缎库胡同	耳朵眼胡同	小六部口胡同
丰盛胡同	丰富胡同	狗尾巴胡同	锦帽胡同
姑姑寺胡同	永恒胡同	干井儿胡同	甘井胡同
干鱼胡同	甘雨胡同	更生胡同	粉厂胡同
菜园六条	红园胡同	灌肠胡同	北官场胡同
亨儿胡同	东厅胡同	后百户庙	后百户胡同
棺材胡同	光彩胡同	广兴园大院	广兴胡同
国强胡同	中国强胡同	韩家潭	韩家胡同
黑虎胡同	大黑虎胡同	红门	西红门胡同

胡

同

井儿胡同	后小井胡同	后墨河胡同	墨河胡同
后桃园	东桃园胡同	花园胡同	富强胡同
花枝胡同	小席胡同	回回营	东安福胡同
火药局	火药局胡同	酱房大院	后马厂胡同
教子胡同	轿子胡同	火神庙胡同	春雨胡同
贾哥胡同	贾家胡同	槐树大院	中槐胡同
金家大院	金奖胡同	九间房	七井胡同
坑眼井	柳树胡同	口袋胡同	敬胜胡同
裤子胡同	库资胡同	乐家胡同	同乐胡同
口袋胡同	阔带胡同	苦水井	水井胡同
金帽儿胡同	巾帽胡同	娘娘庙	月光胡同
罗家大院	罗家胡同	柳树井	柳树胡同

六、特色胡同

（一）八大胡同

老北京是由胡同组成的，胡同是北京的精髓。胡同里的景观数不胜数，胡同里的行当也是行行都有，而妓院和娼妓也是过去老北京胡同里的主要"景观"和"角色"之一，其中以前门外的"八大胡同"最为著名。

据20世纪30年代末的一份资料统计，当时"八大胡同"入册登记准予营业的妓院达117家，妓女有750多人，这只是正式"挂牌"的，还不算"野妓"和"暗娼"。

老北京的妓女分为"南班"与"北班"两种，一般来说，"南班"的妓女主要是江南一带的女子，档次高一些，不但有色，而且有才。这样的妓女陪的多是达官显贵，如京城名妓赛金花、小凤仙等；"北班"的妓女以黄河以北地区的女子为主，相貌好，但文化素养差一些。"八大胡同"的妓女以"南班"居多，故多为一二等妓院。而其他地区的妓院，大多数是"北班"。当时在京城做官和经商的人多是南方人，因此，"八大胡同"成为这些达官贵人经常出入的地界。在清朝末年北京民间曾经流传一首顺口溜暗指这八条胡同：

八大胡同自古名
陕西百顺石头城 （陕西巷、百顺胡同、石头胡同）
韩家潭畔弦歌杂 （韩家潭）
王广斜街灯火明 （王广福斜街）
万佛寺前车辐辏 （万佛寺系一小横巷）
二条营外路纵横 （大外廊营、小外廊营）
貂裘豪客知多少
簇簇胭脂坡上行 （胭脂胡同）

关于"八大胡同"，历来说法不一，旧时那里是被侮辱的妇女含泪卖笑卖身的地方，也是官僚政客、公子王孙的销金取悦之窟。"八

大胡同"由西往东依次为：百顺胡同、胭脂胡同、韩家潭、陕西巷、石头胡同、王广福斜街、朱家胡同、李纱帽胡同。其实，老北京人所说的"八大胡同"，并不专指这八条街巷，而是泛指前门外大栅栏一带，因为在这八条街巷之外的胡同里，还分布着近百家大小妓院。只不过当年，这八条胡同的妓院妓女的"档次"也比较高，所以才如此知名。传说连乾隆、同治和光绪皇帝还私下到这里来过。他们今天去这条胡同，明天去那条胡同，在胡同里逛来逛去，串来串去，寻花问柳，日子长了，老北京人便把那些经常到胡同妓院里嫖娼的人，先说成是"逛窑子"，后来就含蓄地说成是"逛胡同"或"串胡同"的了。再往后其意逐渐引申，把那些作风不正派、不正经而在胡同里闲逛的人也说成是"逛胡同"或"串胡同"的。

"八大胡同"的档次不尽相同，百顺胡同、陕西巷、胭脂胡同、韩家潭多为一等，一等妓院也叫"清吟小班"，此等烟花女子擅长琴棋书画，吟诗作对，其秋波明媚，輚笑情深之态，往往令名流士绅、权贵富商趋之若鹜，位于韩家潭胡同里的庆元春，即是当时著名的清吟小班。出入"清吟小班"的嫖客多为有权势的人，当然也有文人墨客。

石头胡同的妓院多为二等，二等妓院也叫"茶室"。茶室亦属于较为高尚的风化场所，室内的装饰、雕花艳染颇为讲究。至今从朱茅胡同的聚宝茶室、朱家胡同的临春楼及福顺茶舍，仍可看出当时茶室的华丽和精致。当时茶室这一等级的莺莺燕燕，其擅画精唱之艺，虽然不及小班艺女素质之高，但仍不乏年轻貌美、识文尚艺之质。

王广福斜街、朱家胡同、李纱帽胡同以三等妓院居多。一、二等妓院的名字以"院""馆""阁"为主，三、四等妓院多以"室""班""楼""店""下处"命名。

谈论妓女，是比较敏感的话题。但在旧时代，将妓女也包括在三教九流的范围之内，与贩夫走卒无异。虽然唐宋的诗人与妓女的关系很密切，譬如擅长写"花间词"的柳永，但妓女的影子仍然很难登上大雅之堂，顶多属于"民间团体"罢了。到了元朝，取代柳永之地位的是关汉卿，他作为当红的词曲作家出没于勾栏瓦舍之间，与媚眼频抛的歌伎舞女们打情骂俏。

明朝的北京，导致吴三桂冲冠一怒的红颜——陈圆圆，就是"三陪女"出身，姓陈名沅，为太原故家女，善诗画，工琴曲，遭乱被掳，沦为玉峰歌伎，自树帜乐籍而后，艳名大著。凡买笑征歌之客，都唤她做沅姬。身价既高，凡侍一宴须五金，为度一曲者亦如之。走马王孙、坠鞭公子，趋之若鹜，大有车马盈门之势。即词人墨客，凡以诗词题赠沅姬的，亦更仆难数。后来，崇祯皇帝驾下西宫国丈田畹，以千金购之，将其包养起来。再后来，吴大将军去田府串门，一见圆圆，惊为天人。

明清两朝，皇帝都住在紫禁城里，妻妾成群。紫禁城俨然已成最大的"红灯区"。大红灯笼高高挂，只不过三千粉黛，都是为一个人服务的。明帝大多短命，想是太沉溺于女色的缘故。而清帝中，甚至出过觉得家花不如野花香、微服私访去逛窑子的人物。闹得最出格的是同治。他脱下龙袍换上布衣，让小太监扮作仆人，频频光顾八大胡同，跟上了瘾似的，结果染上梅毒，18 岁暴卒。既误国又害了自己。好像这也是有传统的，更早的时候，宋徽宗就尝过去民间做嫖客的滋味。他迷恋东京名妓李师师，偷偷挖了一条地道通往妓院。

明末出了个陈圆圆，晚清出了个赛金花。赛金花绝对属于"另类"。她生长于烟花巷陌，遇见大状元洪钧后，就从良了。虽然只是妾，却以夫人身份随洪钧出使德、俄、荷、奥四国，算是出过远门，见识了外面的花花世界。自海外归来，因洪钧早逝，家里断炊了，就重操旧业。1936 年，刘半农领着研究生商鸿逵访问人老珠黄的赛金花，由赛口述、商笔录，写了本《赛金花本事》。

民国后，袁世凯担任临时大总统，为八大胡同火上浇油。八大胡同曾是赛金花"重张艳帜"之处，但毕竟出了小凤仙那样真正的义妓。袁世凯复辟称帝期间，滇军首领蔡锷身陷虎穴，为摆脱监控，假装醉生梦死、放荡不羁于八大胡同，因而结识了出淤泥而不染的小凤仙。小凤仙胆识过人，掩护卧薪尝胆的蔡将军躲避了盗国大贼的迫害。1916 年，一个叫蔡松坡的人，也就是蔡锷，在云南举行了倒袁起义，打碎了袁世凯的迷梦。蔡锷的名字也因此永存于北海西北角的松坡图书馆。面对蔡锷的起义，袁世凯筹划已久的君主制度像黄粱美梦般破灭了，蔡锷为中国的民主制度立下了汗马功劳，其中似应有小凤仙的一份，多

亏她助了一臂之力。古人常说英雄救美，可这回却是沦落风尘的美人救了落难的英雄。蔡锷在小凤仙处留宿时曾写道："不信美人终薄命，古来侠女出风尘。此地之凤毛麟角，其人如仙露明珠。"从这首嵌入凤仙名讳的题联中我们不难看出，出于八大胡同的小凤仙，她侠女的形象，在蔡锷心中所占的分量。有一部老电影叫《蔡锷与小凤仙》，就是表现这位红尘女子跟北伐名将的知音之情。

《顺天时报丛谈》一书中，有一段描写八大胡同的话，说得十分透彻，文中是这样写的：

百顺胡同最初曾设有太平会馆、晋太会馆。会馆后来改为民居，据说李文藻进京朝见乾隆皇帝时，曾在这条胡同住过。如今这条胡同的老房保存得相对完好，当年从胡同西口依次排列的妓院有潇湘馆、美锦院、新凤院、凤鸣院、鑫雅阁、莳花馆、兰香班、松竹馆、泉香班、群芳院、美凤院等。百顺胡同34号的"四箴堂"是京剧老生前三杰之一程长庚的"堂号"。程长庚，谱名程闻檄，乳名长庚。祖籍安徽省潜山县河镇乡程家井，为程氏五十一代裔孙。清嘉庆十六年农历辛未十月初七日生人，道光年间入京，曾先后居住石头胡同和百顺胡同，寓所名"四箴堂"。同治、光绪年间曾掌三庆班，同仁尊称其"大老板"。工文武老生，能戏300余出，擅演《群英会》《华容道》《战太平》《捉放曹》等，他与春台班余三胜、四喜班张二奎，为京剧第一代演员的三位老生杰出人才，虽比余、张享名较晚，但其威望极高，名列"三鼎甲"之首。

胭脂胡同原名胭脂巷，全长100米，宽约5米。胭脂胡同北口开在百顺胡同，南口开在两广路上。胡同呈南北方向，其中部有东壁营与西壁营从中穿过。现残存长仅有三四十米，胡同虽小，但常被列入八大胡同之中。在这几个胡同里胭脂胡同最短，但一等妓院有十多家。此地曾有店铺制售胭脂粉，主供"八大胡同"烟花女施用，故名胭脂胡同。据史载，这条胡同在咸丰年间就"香车络绎不绝，妓风大炽，呼酒唤客彻夜震耳"。

韩家胡同原名韩家潭，位于大栅栏地区西南部，东西走向，东起陕西巷，西至五道街，其西口与铁树斜街、堂子街、五道街汇合相通。全长360米，均宽5.7米。明代此处地势低洼，凉水河一条支流在此积水成潭，故名寒葭潭。

清代因内阁学士韩元少在此居住，改称韩家潭。1965 年改为现名。清康熙初年，戏剧评论家李渔寓居于此，建芥子园，后改为广州会馆。这条胡同还有浙江上虞会馆、梨园公会等。四大徽班进京，其中以程长庚、徐小香、卢胜奎、杨月楼为主的三庆班就住在韩家潭，后有很多剧团和京剧名家也寓居于此，时有"人不辞路，虎不辞山，唱戏的不离百顺韩家潭"之说。现在的韩家胡同 21 号原为一家清吟小班。

陕西巷的北口是铁树斜街，南口是两广路。它位于大栅栏街道辖区南部，南北走向，北起铁树斜街，南至珠市口西大街。东、西两侧自北向南分别与榆树巷、陕西巷头条、万福巷、陕西巷二条、韩家胡同、百顺相同、东壁营胡同相交。全长 389 米，宽 5.7 米。此巷明代已成街，属正南坊，称陕西巷，沿用至今。1965 年将陕西巷头条、裤角胡同、裤堆胡同并入，中段路东的裤藏胡同改名为陕西巷头条，中段路西的小死胡同改名为陕西巷二条。据史料记载，陕西巷应该是众多一流妓院的所在。20 世纪 30 年代初的时候，这里曾建有上等妓院十余家，当年赛金花所办妓院的房屋建筑和布局现在保存较好。赛金花住过的怡香院，现在是陕西巷宾馆，这栋小楼的外墙立面涂上了水泥，但圆窗洞仍在讲述着它过去的经历。这是一座二层小楼，内部红柱朱廊围成天井，整栋楼每个房间的门都面向中央，天井内还有一个带太湖石的水池，养着龟和鱼，旅馆环境别致，但人似乎不多。在赛金花之后，云吉班中又出了小凤仙，这两人都对中国的历史有所影响。小凤仙住过的云吉班现在是大杂院。二层小楼，前后两院，雕花房檐，但没有天井。

石头胡同，南口在西珠市口大街，北口在铁树斜街，清末曾设有望江会馆和龙岩会馆，是二等妓院的聚集区。这条胡同比较长，有 24 家二等妓院，有名的有茶华楼、三福班、四海班、贵喜院、桂音班、云良阁、金美客栈等。

王广福斜街，现在叫棕树斜街，东连大、小李纱帽胡同，西接石头胡同，这条胡同的房屋较为破旧。从前，这里集中了三等妓院，有名的有久香茶室、聚千院、贵香院、双金下处、全乐下处、月来店下处等。

朱家胡同，曾分为留守卫胡同和羊毛胡同，这条胡同有三等妓院 20 多家，有

名的有怡春楼、陆生院、洪顺下处等。与朱家胡同相连的清风巷、清风夹道、朱茅胡同、燕家胡同、西羊茅胡同等，在老北京也是三等、四等妓院和土窑子的聚集地，不过没有"八大胡同"名气大。

李纱帽胡同，原来分为大李纱帽、小李纱帽两条胡同，现在已改为大力胡同和小力胡同。小李纱帽是"八大胡同"之一。这条胡同不大，总共有 21 个门牌号，但是在老北京，妓院就占了近 20 个院子。这里的妓院主要是三等，有名的有双凤楼、鑫美楼、永全院、天顺楼、泉生楼、连升店下处等。因这条胡同离一些戏园子和饭庄较近，所以也有几所二等妓院。

走进现在的"八大胡同"，从一些老屋老楼的建筑仍能体会到当年的风貌，昔日红粉飘香的烟花柳巷早已成为历史遗迹。值得庆幸的是，由于"八大胡同"老房太多，改造起来很困难，京城危房改造还没有涉足这里，所以在满街大兴土木的时候，它才能得以保留。斑斑点点的角落仍在老老实实地透露着它的秘密，八大胡同的沧桑岁月虽然与罪恶、堕落和烟毒有着如影随形的关系，但它却也见证了满清末年列强入侵的暴行和民国初年政权更迭的悲哀。

（二）砖塔胡同

胡同是北京的特色，也是北京文化的重要载体。胡同之称虽然始于大都，却只出现二十九条胡同，而且只有一条胡同有文字记载，其余的胡同则难以确指，这条胡同，就是砖塔胡同，是北京的胡同之根。从元、明、清、民国，到今天，都有文献可考，这在北京是孤例。

关于砖塔胡同的古老，我们可以从元人杂剧《张生煮海》中找到佐证。《张生煮海》叙述了一个叫张生的年轻人与龙王女儿恋爱的故事。张生的书童问龙女的丫环住在什么地方，丫环说："你去兀那羊市角头砖塔儿胡同总铺门前来寻我。""羊市角头"，即羊角市，也就是今天的西四；"砖塔儿胡同"即今天砖塔北侧的胡同，称砖塔胡同，少了"儿"字。总铺是军巡铺的总称。军巡铺是防盗防火的哨所，设在坊巷之内。每隔三百多步，设一处军巡铺，有三至五名铺兵。若干军巡铺设一处总铺，如果硬译为现代的北京话，军巡铺相当于治安岗亭，总铺相当于派出所。《张生煮海》里的丫环让书童到这个地方找她，对于大都时代的观众，或许会发出会心的一笑，今天的读者大多会觉得茫然，但是，对于居住在砖塔胡同里的居民来说，自然又会觉得亲切。

砖塔胡同的北侧是羊肉胡同，这条胡同在明代也已经出现，至今没有变化。在大都时代，在今天的阜成门内大街至西四一带分布着马市、羊市、牛市、驴骡市和骆驼市，统称为羊角市。今天的阜成门内大街与太平桥大街、赵登禹路相交的地方，旧时有桥称马市桥，或许便是元时的马市所在地。羊肉胡同与羊市，也应该有某种关系。这是远的历史，而在现代史上，有四位著名人物与这些胡同发生了关系。

1923 年 8 月 2 日，鲁迅与周作人发生龃龉后迁居到砖塔胡同 61 号。在这里，鲁迅居住了近十个月。创作了小说《祝福》《在酒楼上》《幸福的家庭》和《肥皂》，并撰写了《中国小说史略》。

有意思的是，同样是在中国现代文学史中占有重要地位的作家张恨水也曾居住在砖塔胡同。1946 年 2 月，张恨水从南京飞抵北平，筹备北平《新民晚报》，买下了一所有三十多间房子的大宅，正门在北沟沿，后门在砖塔胡同西口。1949 年 5 月张恨水突患脑溢血，不能写作了，失掉了经济来源，不得不卖掉北沟沿的大宅，迁到砖塔胡同 43 号一所小院，直至病故。1937 年 2 月，刘少奇随北方局的同志从天津转移到北京，居住在砖塔胡同南侧的南四眼井胡同 10 号，指导革命工作。在这里，刘少奇撰写了《关于过去白区工作给中央的一封信》。不久，迁到鲍家街。1964 年，郭沫若一度居住在大院胡同 9 号。在清代，9 号是多罗贝勒府。

近年由于城市改造，丰盛胡同以南的胡同完全被拆光，其北的胡同也列入改造范围，而且，砖塔胡同的西部已经拆毁，这就令人担心砖塔以及周围胡同的命运了。多年来流行一种说法，"文化搭台，经济唱戏"，这自然是难以辩驳的；但是，另一方面，挖掘文化底蕴，提升文化品质，增强文化发展力，同样也是不可辩驳的。同时，文化本身也是推动社会经济发展的生产力。砖塔胡同毫无疑义是北京的文化载体之一，承载了丰富的历史

内涵与人文景观，是北京的独特文化优势。北京的街巷之所以不同于其他城市，与砖塔胡同的存在是分不开的，值得格外珍视与爱护。砖塔胡同作为大都唯一有文字记载的胡同，是北京的胡同之根。

随着历史长河的流淌，大都时代的建筑，基本不存在了，屈指可数的，只有阜成门内的白塔、土城的残垣、隐藏在西四道路下面的排水道等等，都已经被列为文物。同样，砖塔胡同作为大都唯一有记载、有实体的胡同，作为大都的城市肌理，是否也应该列为文物呢？可惜，没有引起足够的重视，现在，砖塔胡同面临着被拆毁的命运，而且，西段已经被拆，仅余东段，也岌岌可危，无论如何难以令人接受。因为这是大都的胡同，是北京的胡同之根，就此而言，在中国乃至世界也是孤例。

在北京西四路口的西南，矗立着一座灰色的砖塔，埋藏着一位僧人的骨殖。在北京旧城，今天的二环路以内，这是唯一与僧人有关的塔，该塔筑于元初，至今有七百多年的历史了。塔的主人万松行秀，是金元之际的高僧。万松老人本姓蔡，名行秀，河南洛阳人。15 岁时在河北邢台的净土寺出家当了和尚，后来云游四方，在河北磁县的大明寺继承了雪岩满禅师所传的佛法，专攻禅学。以后又重返净土寺，建万松轩居其中，故自称"万松野老"，而世人则敬称其为"万松老人"。万松老人博学多才，精通佛学，讲经说法透彻警人。他来到燕京，其身处空门、志在天下的胸怀受到了当时金章宗的极大赞赏。后来元朝定都北京时，元世祖、重臣耶律楚材慕名而来，投身门下，参学三年。万松老人平时给世祖讲经说道，告诫他要以儒治国、以佛治心，切勿乱施暴政，祸国殃民。世祖深深地记住了这些话。每至闲来无事，万松老人常常席地而坐给世祖弹琴吟曲。三年后，世祖为了纪念这种师徒之情，将宫中承华殿的古筝和"悲风"乐谱赠给了万松老人。老人圆寂后，人们为他建了这座朴素别致的砖塔。紧靠砖塔北侧的街巷也随之得名为"砖塔胡同"。

此后，该塔渐渐无人问津，不知何年，有人倚塔造屋，外望如塔穿屋而出，再以后居住于此的人开起了酒食店。"豕肩挂塔檐，酒瓮环塔砌，刀砧钝，就塔砖砺，醉人倚而拍拍，歌呼漫骂，二百年不见香灯"。明万历三十四年，有一

中国古代民间建筑

个叫乐庵的游僧，从南方游历至京城，当他看到这处于酒食店中的万松老人塔时，顿时醒悟，于是便募捐将此塔买下，大加翻修后，长居此中守护砖塔。乐庵死后，砖塔便草荣其顶，破旧不堪。清乾隆十八年，奉敕按照原来的规模重修。民国十六年在塔的北侧开了一个小门，门檐上书"元万松老人塔"。

胡同因塔得名，自身同样经历着历史的变迁。在元、明、清三代，砖塔胡同作为戏曲活动的中心，是北京城最热闹的地方之一。元代杂剧在京城非常流行，当时把演杂剧的戏院叫做"勾阑"。勾阑内有戏台、戏房、神楼和腰棚，大的勾阑可容纳数千人观戏。这时的砖塔胡同及附近的口袋底胡同、钱串胡同、玉带胡同有戏班、乐户和勾阑不下二三十家，终日锣鼓喧天。到了明代，在东城的本司胡同和演乐胡同等处设立了教坊司，专门管理音乐、戏曲等事务。这样，砖塔胡同一带便失去了往日的喧嚣热闹。清朝，砖塔胡同被当做神机营所辖右翼汉军排枪队的营地。但不久，这里又恢复了元代"歌吹之林"的面貌，再度成为曲家聚集的地方。1900 年，八国联军入侵北京，这里的戏班、乐户纷纷逃回家乡，从此砖塔胡同渐渐变成了居民区，归于宁静。

（三）鸦儿胡同

鸦儿胡同属西城区什刹海街道，东南起自小石碑胡同，与烟袋斜街相连；西北至甘露胡同。鸦儿胡同是位于北京市西城区的一条很长的胡同，明朝时被称作广化寺街，清初时因胡同位于后海北沿，因而被称为"沿儿胡同"，随后又被讹传为鸭儿胡同，解放后北京市政府整顿胡同名时改鸭为鸦，称为鸦儿胡同。鸦儿胡同东头是北京城内最著名的一座石桥——银锭桥，整条鸦儿胡同沿着什刹海的北岸蜿蜒向西，与后海北沿平行，一直延伸到后海西沿的甘露胡同，胡同全长 820 米，是北京城中比较长的胡同之一。在全长近一公里的鸦儿胡同里分布着很多市区级文物保护单位和名人故居：如明代故刹广化寺；曾经是醇亲王府的宋庆龄故居；作家萧军的故居——"蜗蜗居"等。

广化寺建于明万历年间，清咸丰年间重修，是旧京名刹之一。清末民初，政府在广化寺筹建京师图书馆，直到 1917

年图书馆才迁出广化寺，目前广化寺是北京市文物保护单位，北京市佛教协会办公地，经常组织佛教活动。

依稀可见的老门牌"蜗蜗居"是作家萧军为自己在鸦儿胡同6号院的小楼取的名号，从1951年起直到去世，萧军在这座木构西式二层小楼里住了整整37年。在蜗蜗居里，萧军写出过长篇小说《五月的矿山》《吴越春秋史话》《第三代》以及书信集《鲁迅书简注释》《萧红书简注释》等数百万字的作品。目前萧军故居是北京市文物保护单位，但截至2005年初，这座二层小楼已经搬空，鸦儿胡同6号院的其他建筑也大多被拆除，据尚未搬迁的院内居民讲，这座小院已经被程思远之女买下，不久蜗蜗居就将被拆除，这所北京市文物保护单位未来的命运令人堪忧。

近年来，随着北京市西城区什刹海地区管委会对后海的整体商业开发，整个后海沿岸成为北京继三里屯酒吧街之后的第二大酒吧聚集区，鸦儿胡同因临湖而建，风景优美，因而很多房舍被改建为酒吧，华洋杂处，终日喧嚣，不再是当年静谧恬淡的景象了。

北京法源寺位于后海北岸的鸦儿胡同，是一座历史悠久的名刹。寺内花木幽雅，植有许多苍松翠柏、银杏丁香，其中有元代白皮松、清代文官果，更有乾隆种植的两株西府海棠。因此，法源寺素以丁香、海棠闻名，令许多名人流连觞咏。

法源寺占地6700平方米，建筑规模宏大、结构严谨，采用中轴对称格局，由南至北依次有山门、钟鼓楼、天王殿、大雄宝殿、悯忠台、净业堂、无量殿、大悲坛、藏经阁、大遍觉堂、东西廊庑等，共七进八院，布局严谨，宽阔庞大，是北京城内保存历史最为悠久的古寺庙建筑群。

法源寺建于唐太宗贞观十九年，是北京最古老的名刹，唐时为悯忠寺，清雍正时重修并改为今名，1965年在寺内成立中国佛学院、1980年又于寺内建立中国佛教图书文物馆，是中国佛教协会所属的宗教类博物馆。法源寺坐北朝南，形制严整宏伟，六院七进。主要建筑有天王殿，内供布袋和尚，两侧为四大天王。大雄殿，上有乾隆御书"法海真源"匾额，内供如来佛及文殊、普贤，两

中国古代民间建筑

侧分列十八罗汉。观音阁，又称悯忠阁，陈列法源寺历史文物。净业堂，内供明代五方佛。大悲坛，现辟为历代佛经版本展室，陈列有唐以来各代藏经及多种文字经卷，蔚为大观。藏经楼，现为历代佛造像展室，陈列有自东汉到明清历代精品佛造像数十尊，且各具神韵，尤其是明代木雕佛涅槃像，长约10米，是北京市现存最大的卧佛。寺内花木繁多，初以海棠闻名，今以丁香著称，至今全寺丁香千百成林，花开时节，香飘数里，为京城绝景。现为市级重点文物保护单位和全国重点佛教寺院。中国佛教协会也驻寺内。

天王殿内正中供奉着明代制作的弥勒菩萨化身布袋和尚铜像，高1.12米，袒胸露怀，欢天喜地。弥勒佛背后是勇猛威严的护法神韦驮坐像，明代铜铸，高1.70米。两侧是明代铜铸四大天王像，十分珍贵，皆高1.20米。大雄宝殿正中供奉"华严三圣"，既毗卢遮那佛、文殊和普贤菩萨像。为明代制作，木胎贴金罩漆。正中的毗卢遮那佛端坐在须弥座上，像高2米，脑后背光，通高3.97米。文殊、普贤分立两旁，像高2.14米。这三尊塑像，妙像庄严、雕制精美，在明代塑像中可推上乘。大殿两侧为十八罗汉坐像，像高约1.35米，木胎贴金，为清朝制品。大殿中以南有两青石柱础，作卷叶莲瓣，估计是唐初建寺时原物，它的花纹与庙中佚失的唐开元十四年石幢的花纹是相近的。悯忠台一名"念佛台"，又称"观音殿"。台基高一米多，周围设以砖栏，殿堂建于台上。此殿结构独特，外墙以十二柱为架，室内以十二柱之称式样与故宫御花园万春亭相同。这里保存着法源寺的历代石刻、经幢等，以唐《无垢净光宝塔颂》《悯忠寺藏舍利记》，辽代的《燕京大悯忠寺菩萨地宫舍利函记》最为珍贵。殿外山墙还嵌有清代翁方纲复制的唐"云麾将军碑"残柱基，另有《法源八咏》及《心经》等碑刻，是研究佛学和法源寺历史的重要资料。净业堂前有一巨大石钵，双层石座，周围雕海水花纹和山龙、海马及八宝等形象，雕刻极为精美，几乎可与北海团城的渎山大玉海媲美。净业堂内供奉一尊明代铜制巨像毗卢佛像，高及屋顶（4.58米），共三层，下层为千叶莲瓣巨座，每一瓣上镂一佛像；中层为四方佛向东、西、南、北；最上层为毗卢佛。法源寺西南角原有无垢净光宝塔。塔建于唐至德二年，砖结构，高3.3米左右。辽清宁三年大地震时倒塌，室内尚存唐至德二年张不矜撰、苏灵光书的《无垢净光宝塔颂》碑，原嵌在塔的墙壁上，碑高 1.20 米，宽 0.73 米。碑文全文为"御史大夫史思明奉为大唐光天大圣文武孝感皇帝敬无垢净光宝塔颂"。我国古代的碑文，都是从右至左书写，而此碑却是从左至右的，在我国古代仅有一例。

大悲坛是一座佛教文物宫殿，这里陈列着历代佛像、石刻及艺术珍品:有中国最早的佛像——东汉时期的陶佛坐像，有东吴时期的陶魂瓶，有北朝石造像、唐石佛像、五代铁铸像、宋木雕罗汉、元铜铸观音、明木雕伏虎罗汉等，都是国家珍贵文物。另外还有不少各国赠送的经像文物。最后一进殿堂是藏经阁，大殿全部用青砖铺地，阁上供奉三大士像，为木胎干漆所制，是明代造像艺术精品。阁内珍藏明、清时期所刻藏经。1980 年 5 月，日本国宝鉴真大师像回国巡展时，曾在这里供奉了七天，有 16 万信徒和群众前来瞻仰、观看。

解放后，这座千年古刹得到政府保护，曾多次拨款维修。1956 年，中国佛学院在这里成立。1963 年，亚洲 11 个国家和地区的佛教徒会议也在这里召开。1980 年，创办了"中国佛教图书文物馆"，使之成为佛教文化和佛学研究的中心之一。

中华人民共和国名誉主席宋庆龄的故居，位于北京西城区后海鸦儿胡同 46 号。这是一处典型的中国式庭院，走进故居，幽静的园内假山叠翠、花木成荫，清澈的湖水，曲折环绕。新中国成立后，党和政府原计划为宋庆龄同志在北京专门修建一座住宅，但她却以国事百废待兴，一再逊谢。最后在周总理的亲自过问下，才借此土府花园，葺旧更新。宋庆龄于 1963 年迁居于此，在这里工作、学习和生活了二十年，直至 1981 年 7 月 29 日溘然长逝。

园内原有古建筑为：前厅"濠梁乐趣"、后厅"畅襟斋"、侧厅"听鹂轩"、西厅"观花室"。抄手回廊南街"南楼"，北通东厅，东接王府宅院，回廊中间建有"恩波亭"。南湖对面的假山，错落有致，筑有"扇亭"和"听雨屋"。宋庆龄从青年时追随孙中山先生投身革命，直到生命的最后时刻。七十年来经历风风雨雨，这里的一切，再现了这位极不平凡的伟大女性的品德、情操和永不休止的追求。

　　1982 年 5 月 29 日经中央书记处批准，故居对外开放，至今已接待国内外游客近 350 万人次。人们在这里缅怀宋庆龄为新中国奋斗毕生的光辉业绩，追念她为人民鞠躬尽瘁的崇高精神。她崇高的品德、情操，光辉的业绩将会在人们心中永存！

（四）　逝去的西裱褙胡同

　　西裱褙胡同是北京一条已经消失了的胡同。虽然这个地名沿用至今，但原来西裱褙胡同绝大部分建筑都已于 2004 年被拆毁，仅保留了极少的遗存。现在的西裱褙胡同位于北京市东城区长安街南侧，平行于长安街，隔长安街与全国妇联大楼相望。西裱褙胡同的名称早在清乾隆年间《京师街坊志稿》中就有所记载。究其缘由主要由于西裱褙胡同靠近贡院，有很多买卖字画的商号，兼带产生了很多专门装裱字画的裱褙行，久而久之，这条胡同就被称为裱褙胡同了。

　　目前，西裱褙胡同没有拆除的建筑除了北京日报社外，仅存 23 号院，这座院落是北京市文物保护单位"于谦祠"。于谦，钱塘人，永乐十九年中进士，宣德五年任兵部右侍郎，巡抚河南、山西二省。英宗朱祁镇 7 岁登上皇位，由于宠信宦官，致使宦官势力膨胀，天下不安。正统十三年，明朝边防吃紧，于谦奉命入京任兵部左侍郎。正统十四年，瓦剌部首领也先率部进犯大同，英宗下诏亲率五十万大军匆忙出征，在土木堡遭到也先的伏击，明军全军覆没。英宗之弟朱祁钰监国，召集群臣商议对策，但无人敢言战字，更有人倡议南逃，迁都南京。这时，于谦挺身而出，坚决主张以战退敌，得到朱祁钰的支持，于是领命抗击瓦剌。十月，瓦剌挟英宗进犯京师。于谦率领官兵二十二万，奋战五天五夜，击退了瓦剌军，"北京保卫战"大获全胜。

　　明朝灭亡后，于谦祠废毁。光绪年间重建于谦祠，东院内有奎光楼，为两层小楼，上为魁星

阁，挂有"热血千秋"的匾额。1890年，义和团曾在祠内设立神坛。"千锤万凿出深山，烈火焚烧若等闲；粉骨碎身浑不怕，要留清白在人间"。这是于谦的《咏石灰》诗，也是其一生的真实写照。

2003年夏季开始，大批建筑工人进驻于谦祠，开始了对于谦祠的整修，不久，于谦祠周围的建筑被拆除。现在，从东单到北京站口的长安街路边高楼林立，重新修葺的于谦祠已基本完工。于谦祠坐北朝南，朱红的大门直对着两层的奎光楼，在左边的正院，由过堂与二进院相连，最后一排是五间的正房，院内，粗大的枣树、柿子树依旧在寒风中傲然挺立，见证着岁月的沧桑。

梅兰芳造访齐如山，曾在裱褙胡同的齐家学种牵牛花，电影《梅兰芳》的热映，使梅兰芳的经纪人齐如山为很多观众所知晓。齐如山比梅兰芳年长17岁，是中国近现代京剧史上卓有建树的戏剧理论家、剧作家、导演。齐如山早年赴欧，对西方戏剧颇有研究。自1915年起，齐如山作为梅兰芳的专职编剧、导演、演出策划人，参与并见证了梅兰芳由一个青年旦角演员成长为一位享有国际声誉的京剧大师的全过程。

齐如山1903年搬入裱褙胡同，直到1948年离开北平，在这条胡同生活了四十五年。他曾在回忆录中这样描绘过抗日战争期间，自己在日寇铁蹄下"蜗居"在裱褙胡同里的日子：东单牌楼裱褙胡同舍下之房，南北短而东西宽，共四个院。最东边一院，为客厅院，客厅为三间北屋，我就住在里边，把门一锁，到晚间无客来之时，方与家人相见。白天偶遇阴雨，客人来得当然少，也偶尔在廊下或院中散散步，可以换换空气，然仍嘱咐家中，倘有人叫门，必须先来告诉我，然后再开。如是者大门不出，二门不迈，过了八年之久，虽夜间也没有在大门口望过一次，这可以算一种很特别的生活。

齐如山究竟住在裱褙胡同几号院，现在已无从考证。但梅兰芳肯定是他家的常客。据说有一年夏天，也就是梅先生22岁那年，一日，梅兰芳来齐如山家串门，一下子就被齐家院中的牵牛花迷住了。齐如山先生见梅兰芳对牵牛花如此有兴致，就向他聊开了此花的好处，说它娇艳妩媚，每天最早吹响破晓的小喇叭，是真正的勤劳使者。梅兰芳颇有感慨，他想，自己每日晨起练功，终日不辍，不正像牵牛花的精神吗？于是，他也在自己的家里种了很多牵牛花，而且种到了上百株，还培育出了许多名贵品种。

不过，西裱褙胡同之所以能被人们所熟悉，还因为位于胡同中间路南的一个大院，这就是门牌为34号的北京日报社。其实，老北京的地名很多都是人们慢慢叫起来的，干什么的人多，那地方一般就叫什么名字，裱褙胡同也是如此。明清时期，来自全国各地的考生都要到贡院赶考，而裱褙胡同正好在贡院的南边。当时，胡同内的裱糊店一家挨着一家，裱褙胡同遂因此得名。20世纪90年代，随着长安街的拓宽，西裱褙胡同连同洋溢胡同和官帽胡同逐渐消失，都成了东长安街的宽阔马路。

（五）玉钵胡同

中南海墙外，有条小胡同，名叫"玉钵胡同"。玉钵胡同名源于玉钵庵，玉钵庵的得名又因为庵里曾有过一尊玉钵。玉钵的正式名称应该是渎山大玉海，为元朝忽必烈时制成，是盛酒用的器皿。玉海由一块巨大的墨玉雕琢而成，玉色漂亮，黑墨色中夹杂有白色条纹。镂工精巧，外壁琢有山龙海马、云容水态，为世间罕见。渎山大玉海原本是宫廷之物，曾摆放于琼华岛上广寒殿里的小玉殿内。小玉殿是忽必烈与群臣宴饮的地方，正面设有金嵌玉尼御榻，两边是群臣坐床，这尊举世无双的大玉海就放置在正前方、君臣的鼻子跟前，所处环境十分尊贵。

不幸的是，在战乱中，这尊贮酒玉海流落到民间真武庙中，道士们不知其来历和价值，只看出是个玉的，随口称为"玉钵"，很不经意地把它放在殿前露天中。由于沐浴日月精华，历经大自然中风的吹拂和雨水的润泽，它反而愈发斑斓光彩，夺人眼目了。于是常有文人墨客结伴专程来访，欣赏美玉华泽，感叹良玉的敝屣境遇。

有位名叫性福的和尚，在真武庙住了26年，眼见寺庙日渐不堪，决心重整旗

胡

同

鼓，再造寺庙。他靠化缘行乞积累砖瓦木料，多年累积，到清康熙五十年开始动工。费时十年，重新建起了小庙，小庙有三间，真武殿、配殿及前殿。性福想起了这尊价值连城的珍宝，庙建好以后，将它移到前殿观音大士座前，叠石为小山，贮水于玉钵，营造起一个普陀南海的袖珍意境，稀世珍宝得到一定程度保护。

玉钵得到关怀，庙宇也受到重视。因为庙里有这么一尊引人瞩目的玉钵，真武庙便被称为玉钵庵。到清乾隆十年，玉海终于被乾隆皇帝发现。乾隆"命以千金易之"，花了 1 000 两白银把玉海赎买到自己手中。眼见过无数奇珍异宝的乾隆，看出这是一件旷世之宝，就把它置放到北海团城的承光殿前，特建立了一个小石亭覆盖在玉钵之上。此外他还把自己的一首《御制玉瓮歌》命人镌刻在瓮体上。这样，这尊渎山大玉海又回到它所应得到的高贵位置上。

乾隆在歌序中，介绍了玉钵回归的过程。玉钵在，玉钵庵还在，为了不使庵空负其名，三年之后，又一次重修玉钵庵时，庙里又仿制了一座石钵，来代替玉钵，保持玉钵庵的庙名。玉钵庵目前已湮灭在历史尘埃中，只留下这条玉钵胡同和北海团城上的那尊璀璨夺目的渎山大玉海。一个小庙，一条平展的小胡同，一尊皇宫内珍宝就这样被历史的变迁联系到了一起。

（六）善果胡同善果寺

广安门内大街路北有一条三义街，三义街里有条小巷叫善果胡同。这个小胡同名也是因为胡同里有个庙，庙的名称叫善果寺而来的。

善果寺是北京城当年著名的外八庙之一，它创建的历史非常久远，是在后梁的乾化元年，初名唐安寺。这时中国正处于大动荡的五代十国时期，此后经历由分裂到国家统一，到明代天顺八年（1464 年）春天。这时的这座唐安寺已面目全非，仅存有基址了。说来也巧，宫廷尚膳监有位太监名叫陶荣，忽然对这块庙基产生了浓厚的兴趣。自掏腰包创建起这座大庙。庙建成后，陶荣恭请英宗朱祁镇为新庙赏赐个新名称。这位第二次登基重坐龙廷的皇帝便给庙取名作"善果寺"。从此，北京城的荒凉野旷的南城就有了一座带"善"字的庙宇。

善果寺，恢弘壮丽、气势不凡。寺前有放生池，上架石桥。进山门后依次为天王殿、大雄宝殿、大士殿、大法堂，最后为藏经阁。另外还有东西配殿、配房60余间及钟鼓二楼。东西配殿内，有泥塑大山，形态各异的五百罗汉坐卧其间，古刹、亭阁、宝塔、假山花木点缀各处，颇具仙境气氛。山上还布满了按照《山海经》《万鸟图》等神话传说塑造的各种珍禽异兽。当年，它与北海小西天、朝外九天宫，并称为"北京泥塑三绝"。此外，大雄宝殿内，姿态逼真的十八罗汉塑像、藏经阁内的四十二臂观世音像，都是塑造艺术中的精品。

清康熙元年重修、康熙十一年二月又重修，使寺院的规模更加宏伟。康熙十八年京师大地震，善果寺受到严重破坏，后于康熙二十一年修复，并撤塔院，在旧址改建大法堂。乾隆四十年再次重修。

早年，每逢旧历六月初六有"晾经会"。是日，僧众要举行礼佛、诵经仪式，所以又称为"晾经法会"。如天气晴朗，僧众们就把所有经典从藏经楼搬出，一一平铺在院里的条案上，将经书打开，用经拨子支起使之通风见光，以便防蠹。所有袈裟、僧衣亦搭挂在院内一并晾晒。后来经书佚散减少，至晚清时已无经可晾，仅循旧例开放一天而已。

当时城南的居民每到旧历六月初六这天，除了去护城河看洗像外，就是到善果寺看晾经，故庙前形成临时集市，有舍经书、"善书"的，有舍"冰水"、暑药的，有售卖香烛及各种吉祥物的。"士女云集，骈阗竟日"。但进庙烧香参观者仅限男人，不接待妇女入庙。

早年间，善果寺还流传着一段神秘的传说。从前，寺内曾隐居有两只仙蝶，在清明至中秋之间，每当夕阳西下的时候，仙蝶便翩翩起舞，满院飞舞，并不避人。如果游人以手招呼，口喊"老道"，仙蝶立即闻声飞来，随手起落飞舞，情意缠绵，不忍离去。人们附会它是梁山伯与祝英台的化身。据说在民国年间，寺内还保存有清乾隆帝的序文和御制诗文的仿宋版《蝶仙小史》一册，后被人借去未还，下落不明。

光绪二十六年（1900年）夏，八国联军入侵北京，

寺院遭到严重破坏，佛像、文物尽被侵略军捣毁、掠去，无一幸存。民国时，善果寺已颓废败落。1949年以后，这一带进行大规模城市建设，善果寺被征用，僧人四散。1993年山门也被拆掉，旧址上建造了居民住宅楼。至此，名刹善果寺已荡然无存，除了前边一条被命名为善果胡同的地名外，别无遗迹可觅。

中国古代民间建筑

窑　洞

　　窑洞属于中国居住文化四大类型之一的地穴式建筑。作为一种民居，它的产生和构建同样表现了劳动人民的聪明才智和创造才能。窑洞是非常好的生态建筑，冬暖夏凉、没有噪音、没有污染、更没有大理石的辐射。它更是人与自然生态相结合的典范，在人多地少的情况下具有节约用地的意义，同时，也不破坏土地资源和生态环境。窑洞是黄土高原的产物，陕北人民的象征。

一、传承千年的民居形式

(一) 窑洞产生的自然条件

1. 我国黄土的分布

我国的黄土主要分布在北纬33°—47°之间。新疆和东北地区虽然也有零星的黄土分布，但面积不大，厚度也很小，在10—20米之间。我国黄土分布

的广度、厚度及其发育的完整性都是世界罕见的。黄土的堆积主要集中在华北地区，黄河中游地区分布的黄土，发育情况在世界上最为典型。它地跨甘、陕、晋、豫等省，海拔多在1 000—2 000米之间，构成极为广阔的黄土高原，面积达到53万平方公里。六盘山以西，会宁、通渭间华家岭上的黄土海拔近2 000米，自此向西北至黄河沿岸降至

1 500—1 000米，向东南到渭河上游谷地降到1 000—750米。陕北靖边白于山山顶黄土海拔高达1 800—1 900米，向南或向东南经过1 000米左右的董志塬、洛川塬，至渭河平原降至500米。黄土的覆盖虽然大大减缓了基底地面的起伏状况，但却没有改变地势总的倾向。

2. 黄土的物理性质

黄土是无层理的黏土与微粒矿物的天然混合物。成因以风成为主，也有因冲积、坡积、洪积和淤积而成。由于不同地区黄土带颗粒细度、矿物成分不尽相同，并且形成于不同的地质年代，从而使各地黄土的物理性质也不尽相同。根据黄土层生成年代的久远程度，可以把黄土划分为午城黄土、离石黄土、马兰黄土和次生黄土。形成年代越久远的，其干容重越大、凝聚力越强、湿陷性越弱。总体来讲，黄土的矿物成分有六十多种，以石英（SiO_2）构成的粉砂为主，占总重量的50%左右，因而厚度在300米以上的，黄土地层构造质地均匀，抗压与抗剪强度较高。因而在挖掘窑洞之后，仍能保护土体自身的稳定。

3. 黄土高原地貌特征与窑洞的关系

黄土高原上广阔的黄土覆盖层，地形连绵起伏，沟壑纵横，形态复杂，发展速度快，形成了不同类型的黄土地貌。它们是河流泥沙的供给地和初期搬运通道。黄土物质疏松，具垂直节理，易遭受侵蚀。在疏松黄土上由于雨水汇集径流的切割作用，出现切沟，逐渐随着水土流失，黄土沟坡在暴雨中失稳坍塌或滑坡，形成更大的冲沟，深达数十米至百米。黄土塬梁、峁地形是今天黄土高原基本的地貌类型。其中，黄土塬是平坦的古地面经过黄土覆盖而形成的，是高原面保留较完整的部分；黄土梁是长条状分布的黄土岭，长达数十千米，顶宽从数十米至数百米，为狭长的平原，两侧为深沟；黄土峁是弯凸形的黄土丘陵地形，面积大小不一；而黄土丘陵则是若干连在一起的峁，成为梁顶的组成体。窑洞民居村落就分布在这呈现多种地貌的黄土地区。开阔的河沟阶地宽度多达数千米，有许多民居村镇散居其中。由于人口的不断增长和复杂的自然、社会因素，窑洞村落逐渐向沟顶、塬上扩展。

（二）窑洞的历史演变

1. 穴居时期的历史演变

在人类历史的发展过程中，其居住方式也经历了原始穴居、人工穴居与半穴居时期。距今七千至八千年前，出现了半穴居形式。新石器时期出现的穴居、半穴居的"土穴"建筑形式是中国古代建筑具有"土"意义的萌芽。在生产力水平低下的状况下，天然洞穴首先成为最宜居住的"家"，它满足了原始人对生存的最低要求。黄河流域的祖先们在模拟自然、仿兽穴居的过程中，堆积的黄土不但适于植物繁殖，而且具有良好的整体性和适度的松软性，使用简单的石器工具就可以挖掘成洞穴。考古人员先后发现了距今五十至六十万年前各种用于挖掘的石器。可以推断，从远古时期的"窑洞"起，古人类就能够用石器人工挖掘黄土洞穴了。

进入氏族社会以后，在黄土沟壁上开

挖横穴而成的窑洞式住宅，也在晋、甘、宁等地区广泛出现，其平面多为圆形，和一般竖穴上覆盖草顶的穴居并无差别。考古学家在山西还发现了"低坑式"窑洞遗址，这是至今在河南等地仍被使用的一种窑洞，即先在地面上挖出下沉式天井院，再在院壁上横向挖出窑洞。

2. 窑洞民居的形成

夏、商、西周时期，人类从原始氏族社会进入奴隶制的阶级社会，木制构造的房屋大量出现，但穴居仍然是众多奴隶的居所。

秦汉以后出现了砖瓦，在建筑材料和建筑技术方面有了极大的进步。并且在古籍中首次出现以"窑"字称横穴："张宗和，中山人也。永嘉之乱隐于泰山……依崇山幽谷，凿地为窑，弟子亦窑居。"（《前秦录十六国春秋》）魏晋及南北朝时期，石工技术达到了非常高的水平，凿窑造石窟之风遍及各地。众所周知的山西大同云冈石窟、洛阳龙门石窟就是这个时期凿建的。

隋唐时期是中国封建社会前期繁荣发展的高峰，也是中国古代建筑发展成熟的时期。此时，土窑洞已被官府用作粮仓。例如，隋唐时期的大型粮仓——含嘉仓，它是与隋代东都同时营建的。这一时期窑洞建筑已经在民间使用，陕西省宝鸡市金台观张三丰元代窑洞遗址，是至今发现有文字记载的最早的窑洞，始建于元代延祐元年（1314 年），距今有六百多年。最近又发现了许多保存完整的明清时期的窑洞庄园、窑房混建的窑洞聚落精品。

在中国，早期记录人类穴居的文字还有"昔者先王未有宫室，冬则居营窟，夏则居巢。"（《礼记·礼运》）"上古穴居而野处……"（《易·系辞》）《三国志·魏志》卷三十《东夷传》记载，把娄住房"处山林之间，常穴居，大家深九梯，以多为好"。《隋书·东夷传》记载，潘莠住居"地卑湿，筑土如堤，凿穴以居，开口向上，以梯出入"。

（三）窑洞的产生与农耕文化

庆阳地处祖国大西北、陕甘宁三省的交会处，气候温和。古称北豳，习称陇东。历史悠久，有古语曰"周道之兴自此始"。庆阳是中华农耕文化的发祥地，远在二十万年以前，人类就在这里繁衍生息，七千多年前就有了早期农耕。庆阳的悠久历史、绚丽多姿的农耕文化、民俗文化是经过长期积累丰富起来的。庆阳已获得中国民俗学会命名的窑洞民居之乡。要了解窑洞的发展就要追溯到远古农耕时期，农耕文化的发展带动了它的发展。经过几千年的风雨洗礼，窑洞亲历着朝代的更替、时代的变迁，有着深厚的农耕文化的痕迹。

夏代，不窋先祖世代为农官，时称后稷。在他承袭其父后稷的官位之时，正值太康政乱破坏农业生产，不窋失官，遂率部族奔庆阳一带，在此定居。不窋教民改地穴式居所为窑洞，重农耕，种庄稼。周族历经从不窋到鞠陶、公刘三代，发展了农业生产，创造了周的灿烂文化。周族重视农业生产，有这样的记载"其民有先王遗风，好稼穑，务本业，故豳诗言农桑衣食之本甚备。（《汉书·地理志下》）。在不窋执政时，鞠陶负责挖窑洞，"陶复陶穴以为居"为当时的人们提供了保障。所谓"陶复陶穴"就是周人根据不同的地理条件而挖的两种形式的窑洞，古代窑与陶相同，有了窑洞，人们的安全有了保障，不再苦于野兽袭击，开始了稳定的生产生活，农业因此而得到发展。

（四）窑洞人民的生产生活

1. 生产习惯

去过庆阳的人都会有这样的体会，庆阳人的憨厚、朴实、勤劳至今不曾改变，他们依然在庆阳这块土地上默默耕耘，持续着千百年的习惯，农业方面的生产技术得到了传承。如今的农事活动虽然较古代有着不可比拟的进步，但在某些方面还是继承和发展了先周的活动内容。八月打红枣、九月收稻谷、十月粮进仓以及七月采瓜食瓜瓟、八月葫芦摘个光等都和今天的农事季节相同。九月筑场圃（即在一块地里春夏种庄稼，秋冬修成场）、农忙时送饭到田间、用茅草搓绳捆庄稼、用柴火编织门的习俗，也都一直延续至今。

2. 牲畜饲养

农业生产的发展离不开家畜的饲养和繁殖，而窑洞人民也传承发展了家养牲畜。周人到北豳后，开始养猪，将野猪逐渐驯化为家畜。《公刘》篇中有"执豕于牢"之说，就是把猪圈在猪圈里。部落首领鞠陶的儿子公刘提倡家家户户养猪，后来养猪就成了家的象征，或许"家"字也是由此而来的吧。养羊几乎是北部人民的家庭主业。每年冬初杀羔羊、祭山神、庆丰收的活动，自古延续至今。每年农历三月十八，庆阳人及长武、彬县四方百姓赴公刘庙拜谒祭奠，缅怀这位华夏农耕文化的开拓者。

3. 林果种植

今天的经济林的种植也是传自周祖时期，庆阳地区经济林种植历史悠久、品种繁多、经济效益可观。相当多的经济林品种都来自于周先民的栽植和培育。如李子、梨、桃、枣、桑等。远在轩辕黄帝时代，黄帝就命元妃西陵氏嫘祖栽桑养蚕。先周时期，植桑养蚕就在庆阳得到大力发展。"蚕月条桑"、"女执懿筐，遵彼微行，爰求柔桑"的诗句就是真实的写照。桑树是庆阳市的乡土树种。每年一到三月，人们就动手修桑树，将高枝砍掉，让人攀着短枝摘嫩桑。自先周至今，几千年来，庆阳人民延续着栽桑养蚕的习惯。公刘在西王母国访问时，带回了许多桃、梨、枣优良树种。这些树种后来成为古豳地的当家经济林树种，也是今天庆阳市的地方名优产品。而在"六月食郁及薁"的诗句中，郁就是郁李，果实酸甜，将郁李枝条嫁接到杏、桃树枝上，就可以结出比杏、桃更香甜的李子。

二、历久弥新的人文风情

（一）窑居村落的民俗与文化

黄土高原历经千年沧桑形成了千沟万壑，它是古老华夏文明的发祥地，闻名遐迩的中国最强盛的封建王朝领袖都埋葬在这块黄土地上，如黄帝陵、秦始皇陵、兵马俑、汉阳陵、唐乾陵。虽然这些都已成为历史，但那种恢弘、犷悍之气却一如既往地笼罩着黄土大地。高原沟壑雄奇、苍凉、空旷而贫瘠，在与大自然的残酷斗争中，造就了粗犷豪放的坚强儿女，同时也诞生了极具特色的"黄土文化"。

1. 歌声

在黄土高原这块贫瘠的土地上，人们终日面朝黄土背朝天，原始的耕种劳作之余，他们用歌声唱出心中真挚的爱、宣泄内心的压抑、表达苦难中的坚强，由此产生了原生态的秦腔、陕北信天游这些高亢嘹亮、气势豪放的声音。时至今日，苍凉沟壑中的人们仍然传唱着这些体现自然本色的歌曲，如家喻户晓的陕北民歌《兰花花》《走西口》等。

2. 舞蹈

在黄土高原这块广袤的土地上，歌声、舞蹈总是相伴相随的。民间歌舞中最具特色的要数陕北的秧歌舞。集体娱乐的形式，充分体现了人们的团结精神。其扭动的身姿与变化多端的队列组合在民间歌舞中独树一帜。另外，黄土高原地区的群体娱乐艺术——民间社火集歌舞、锣鼓、表演于一体，社火队伍中的锣鼓形式最能表达黄土高原雄浑的气势和神韵。还有那热情豪放的陕北安塞腰鼓、威风凛凛的山西威风锣鼓、刚健壮观的兰州太平鼓，都是以震天的鼓声、宏大的气势、龙腾虎跃的步伐将力与美表现得酣畅淋漓，让人乐在其中。从那锣鼓声声中，从那威武的队列中，你或许能够领略到秦始皇横扫六合的气势、汉高祖高唱大风的豪气……

3. 剪纸

剪纸，也称窗花，历史悠久、代代相传。在黄土高原的民俗文化中，剪纸艺术是最为普及的民间艺术，家家户户都喜欢。春节是妇女们展示技艺的时候，窑洞的窗户上、居室内到处贴满了赏心悦目的剪纸。大红的剪纸抹去了黄土窑洞的荒凉，增添了盎然的春意。

4. 风水

中国传统的风水观念也影响着黄土高原居上的村落选址与布局。背山面水、负阴抱阳、前有明堂、后有祖山，最好再有"朝山""龟山""蛇山"，这是按照风水理论中一块吉地大体上要具备的特征。这种理想山势在平原地区并不容易找到，可是在黄土高原的丘陵沟壑区却相当容易找到"风水宝地"，山西汾西县师家沟村就是一例。

（二）窑洞民居的装饰特征

黄土地上的窑洞村落星罗棋布，窑洞民居产生于黄土地，隐藏于黄土层中，没有明显的建筑外观体量，更不像现代的建筑一样，在自然中显得那么突兀。

窑洞与大地融为一体，潜藏于黄土下，只有向阳的一个立面外露，俗称"窑脸"。这唯一的建筑立面反映出门窗的装饰艺术，展示着窑洞的独特个性。"窑脸"就像人们的脸面，各地窑居者，不管经济条件差别多大，都极力将"窑脸"精心装饰一番。虽说没有粉妆玉砌、金石雕刻，但从简朴的草泥抹面到砖石砌筑，再发展到木构架的檐廊木雕装饰，历代工匠也都将心血倾注在这唯一的立面上。

另外，窑洞院落或窑房混合院落的拱形门洞、门楼，也是传统民居中重点装饰的部位。在传统民居建筑中，宅门是表现房主的社会地位、财富和权势的。而按照中国风水观来说，"宅门"又是煞气的必由之路，所以要贴镇符镇住煞气。贴镇符在民间流传最广且最具感情色彩的形式是贴门神，门神则是众所周知的秦叔宝和尉迟恭，而后来又演化为贴年画、楹联等。

米脂窑洞古城的窑洞式四合院和三合院民居类型，是千百年来陕北人一直传承沿用的居住形式。窑洞民居大多独门独院，建筑装饰的处理都集中在人们的视觉焦点上，其形式大多表现于木雕、砖雕、石雕、门窗、彩绘纹样。米脂窑洞古城中具有文化内涵的建筑和民居建筑装饰艺术的形式都是以实用为目的的，建筑的布局、空间构成、尺度、防护性能、装修构造等都从实用出发。建筑装饰是人们在满足物质生活的需求后，对精神文化层面的要求，是依附于建筑结构、美化建筑结构、深化建筑造型内涵的艺术处理形式。它是一种附加艺术而并非单独存在，它可以在有限的范围内表达出大众的文化观念，反映一个时代的文化特点，并受到当地社会文化背景、经济技术条件、审美倾向等的制约。南方与北方的建筑装饰在总体上有其差别，在南北方的各自局部地区又有不同，建筑装饰能够表现出强烈的地域特色，北方的虽不比南方的那么繁琐、细腻和华丽，但却有其独特的地域特色——朴素中含真意、粗犷中见精细。

（三）剪纸、皮影戏等与窑洞的关系

窑洞文化的表现离不开剪纸、香包和皮影戏等艺术。"刺绣、皮影、剪纸、陇东秧歌、陇东道情"堪称庆阳民间艺术五绝。民间文艺家曹焕荣先生从事多年的庆阳艺术研究，他曾经说过剪纸、香包和窑洞有着必然的联系。庆阳人用自己的智慧从窑洞影子中学会剪纸，香包又是由剪纸而来，所以这一切都跟窑洞有着必然联系。也正是因为周祖在此开凿了窑洞，为人们提供了安定的生存环境，人们才能充分地发展农业，提高自己的生产生活水平。由于生产力水平的提高，经济的不断发展，财富的不断积累，在物质生活得到满足之后，劳动人民在闲暇时间，才得以凭借自己的聪明才干和在生活中的发现创造了剪纸等艺术。

窑

洞

三、黄土高坡上的建筑风貌

(一) 窑洞的形态

在窑洞的居室中，炕和灶是其中最主要的生活设备和活动区域。窑洞的四周都刷上白色的石灰，窗户上也贴满白色的窗格纸，再在居室的墙壁和窗户上配以大红色的剪纸花，这样使得洞穴般的居室显得格外明丽。箱子上、柜子上

和瓦瓮上也都绘满了艳丽的图画，与明丽的色彩相映成趣，使窑洞里更充满了生机。

以洛川一带窑洞为例，这里的窑洞一般没有设置专门的客厅，大都是厨房兼客厅，这里是家庭活动的中枢，一日三餐，待客议事都在这里举行，由家中辈分最高的人居住。里面最主要的设备是当地常见的灶头和炕头，当地有句俗话叫做"锅台挨炕，烟囱朝上"，做饭时的烟火顺便就能把炕烧热，一举两得，所以一般炕头和灶头是挨在一起的。这一带自古以来就是游牧民族和农民主混战居住的地方。炕上铺着毡子，再放上小炕桌，充满了浓厚的黄土高原风格，还流露出一些游牧民族生活的遗风。因为关中交通方便，和中原交流频繁，所以洛川虽属陕北，但也受到关中文化的影响，一些有钱人家里的摆设，几乎是中原式的，在当地殷实人家的客厅里，还可以看到中原一带家庭常用的案几、八仙桌、太师椅、官帽椅等，而这种中原式的习俗又影响到洛川，说明当地的文化是相互融合的。

洛川塬上典型的窑洞式农家四合院，院门正对着的一排三孔窑洞是正房，两旁是泥墙垒成的偏房，正房住人，偏房养牲口和置放农具。房子里面的墙壁上会钉着搁东西的一排架子，俗称为"板架柱儿"，上面整齐地放着一些瓦瓮和陶罐，这些瓦瓮又叫做面罐，孔隙较大，不能装水之类的液体，因为透气性好，所以用来装着各种粮食，米、面、大豆、糜子、玉米等等。为了保持它的透气性，一般表面都不上釉，最多就用黑色的油漆，薄薄地涂上一层，再在上

中国古代民间建筑

面画上各种艳丽的花纹图案，如花卉蝴蝶、飞禽走兽、神话故事等。另外还有一些上了釉用来装油的陶罐，被擦得干净锃亮，一尘不染。"板架柱儿"下面是一排水缸，一般都是二到三个。按照当地的习俗，在墙上的空白处要贴上剪纸画，横贴的叫"板架云子"，竖贴的叫"板架对子"。一般房间里会有几个用油漆彩绘得很漂亮的箱子和柜子，基本是当地传统式的。陕北人善做面食，家里做面食的案板和擀面杖或许会让南方人吃惊，最长的擀面杖竟有一人高，光是从不同规格的擀面杖就能推测出他们做面食有何等的讲究。

（二）窑洞的挖掘方式

窑洞在建筑学上属于生土建筑，其建筑特点是简单易修、省材省料、坚固耐用。但是它的开凿真的如我们想像中挖个洞那么简单吗？从实地考察窑洞现状中可以发现，单孔窑洞的宽一般是 3.3—3.7 米，高 3.7—4 米，交口 0.3—0.4 米，进深 1.7—1.9 米，平桩高 1.8—2 米，拱部矢高 1.7—1.8 米。现代所修窑洞基本上是在祖辈传下来的基础上翻修的，古代的挖掘方式只有很少的记载，但是在现代人的翻修过程中还是可以得知挖掘方法的。

首先是挖地基。窑洞的方位确定之后开始挖地基，窑洞的地基是由所挖的窑洞类型决定的。如果门前有沟洼，可以用架子车把土边挖边推进沟里，这样扔土方便，比较省力。如果要挖地坑院，经济不好的家庭或地形不利于机械施工的，则完全需要靠人力用笼筐一担一担地担上来，实际上是非常辛苦的。过去人们修窑洞，只能利用农闲、雨天或是饭前饭后挤时间挖土运土，起早贪黑地干活，常常是老幼不得闲。陕北人就是有这样的韧性，这一辈人完不成，下辈人接着干。地基的大致形状挖成以后，下一步就要把表面修理平整，当地人叫做"刮崖面子"。刮者的眼力、技艺、手劲和力气要是好的话，就能在黄土上刮出美妙的图案。

地基挖成、崖面子刮好后，就开始打窑。打窑就是把窑洞的形状挖出，把土运走。打窑洞不能操之过急，由于土中水分大，要是太过心急是容易坍塌的。窑洞打好后，接着就

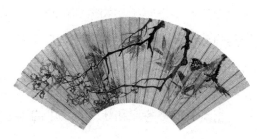

是镟窑，也叫"剟窑""铣窑"。从窑顶开始剟出拱形，把窑帮刮光，刮平整，这样打窑就算完成了。任何一道工序都不能掉以轻心。等窑洞晾干之后，接着用黄土和铡碎的麦草和泥，用来泥窑。多年的经验积累，陕北人早就知道了泥窑的泥用干土和才有筋，泥成的平面才光滑平顺。泥窑至少泥两层，粗泥一层，细泥一层，也有泥三层的。日后住久了，窑壁熏黑，可以再泥。

第三步是扎山墙、安门窗。窑泥完之后，再用土坠子扎山墙、安门窗，一般是门上高处安高窗，和门并列安低窗，一门二窗。门内靠窗盘炕，门外靠墙立烟囱，炕靠窗是为了出烟快，有利于窑洞环境，对身体好，妇女在热炕上做针线活光线也好。

经过这几步的挖掘修整，窑洞基本挖成。

民间流传着这样一句话："有百年不漏的窑洞，没有百年不漏的房厦。"可见窑洞的坚固、耐用。在当地有着上百年甚至上千年的窑洞。由人们劳动挖掘出的窑洞，有着独特的居住价值和文化内涵。但是随着经济的发展，窑洞废弃的多，挖掘的少，这种挖掘方式会越来越不被人知道。所以希望在这些窑洞还存在的时候、会挖掘窑洞的人还健在时，保存一些资料，希望这种精神能够被后人继承，让炎黄子孙热爱、保护它。

（三）窑洞的建筑艺术

"建筑是凝固的音乐，音乐是流动的建筑。"

窑洞作为地下空间生土建筑类型，其建筑艺术特征又与一般建筑大相径庭。窑洞建筑是一个原生态的系列组合。窑洞的载体是院落，院落的载体是村落，村落的载体是山或川、或大自然的黄土。这种建筑造型的艺术特色，是从宏观的窑洞聚落的整合美到微观细部的装饰美，是地地道道的黄土高原上的特产，可以称之为"窑"字号了。

窑洞村落将苍凉和壮阔背景中的满地黄沙化呆板单调为神奇，体现出"田

中国古代民间建筑

园风光"的情趣；将黄土沟壑梁峁区靠崖窑洞建筑群落以峰回路转、渐次感受的变化美感受于人。民国本《宜川县志》说抗战时期，邑东兴集镇"就沟崖为窑，沟之双方，均倚坡重叠窑孔三四层。入夜，各窑灯火齐明，远望之如西式楼房，一时人皆比之为上海四马路云。"把阶梯式窑洞的防空功能和夜景的主观层次感受美写得淋漓尽致。窑洞或以院落为单元，或以成排连成线，沿地形变化，随山就势，成群、成堆、成线地镶嵌于山间，构图上形成台阶型空间，给人以雄浑的壮美感受。

类似这种阶梯式窑洞和群体集镇靠崖式窑洞群在 20 世纪后半叶还有很大的发展。榆林行署旧址窑洞群、榆林农校旧址窑洞群、米脂中学窑洞群以及新建的延长县岔口乡光华中学窑洞群等，都是这种多孔、多排的靠山式石拱或砖拱窑洞。由此形成的上下立体、左右呈线型的聚落，白日或掩映于树丛之中，或衬托于黄土之上；夜晚则各窑灯火齐明，确有"遥望之如西式楼房"的感觉。延安大学窑洞群竟达三百二十四孔之多，真是蔚为壮观。

多数情况下，梁峁壑区窑洞大多依山峁沟谷的凹凸褶皱走向，从而避开泥石流、洪水、塌方、斜溜之害，选取汲水、耕地方便地段，顺势于梁峁沟谷间，形成不规则的构图。一座座院落随山就势，妙踞沟谷，依偎于黄土的怀抱中。村道蜿蜒上下，交通四邻，鸟语花香，空气清新。随着阳光的转移，晨昏变幻，山景树色，巧妙地诠释了"山气日夕佳，飞鸟相与还"之妙。大自然消解了人类拥挤的喧闹；窑洞赋予了山体活跃的生命，其乐融融，一派田园风光景象，好似神笔绘就的水墨画，给人以一种疏离的静谧美。

四、丰富多彩的种类与类型

（一）窑洞在我国的分布与划分

1. 中国居住文化的四大类型之一——地穴式建筑类型

我国华北、西北地区的黄土高原，土层深厚，直立性强，含水量少，在多

年的雨水冲刷下，形成冲沟、断崖，有利于窑洞的开掘。长期以来，窑洞应用十分广泛，并形成了陕北、陇东、豫西、晋中等几个大的窑洞居住区，这里百分之七十以上的人家尚居窑洞。人们根据山、川、塬等不同地理条件，选择向阳、近水、干活省力、土地坚实的地方开掘窑洞。窑洞拱顶式的构筑，符合力学原理，顶部压力一分为二，分至两侧，重心稳定，分力平衡，具有极强的稳固性，经过几辈人，风雨过来，几易其主，修修补补，仍不失其居住价值。

2. 窑洞在我国的分布

我国是一个窑居比较普遍的国家，新疆吐鲁番、喀什，甘肃兰州、敦煌、平凉、庆阳、甘南，宁夏银川、固原，陕西乾县、延安，山西临汾、浮山、平陆、太原，河南郑州、洛阳、巩县以及福建龙岩、永定和广东梅县等地区都有窑居村落的分布。陕西窑洞主要分布在陕北，指陕西省延安、榆林等地的窑洞式住宅，它建在黄土高原的沿山与地下，是天然黄土中的穴居形式。

3. 窑洞区的划分

中国窑洞民居按其所处的地理位置和分布的疏密，可划分为六个窑洞区：

陇东窑洞区：大部分在甘肃省东南部与陕西接壤的庆阳、平凉、天水地区的陇东高原一带。

陕西窑洞区：主要分布在秦岭以北的大半个省区。集中在渭北、延安、陕北地区。

晋中南窑洞区：分布在山西省太原市以南的吕梁山区。

豫西窑洞区：分布在河南省郑州市以西的黄河两岸，巩义、洛阳、三门峡、灵宝等市。

河北窑洞区：主要是河北省西南部、太行山东部地区。

宁夏窑洞区：主要在宁夏回族自治区中东部的黄土塬区。

据初步统计，自解放至今，我国的窑居群众总数达一亿一千万，目前仍采取窑居方式者则有四千万人之多。其分布区域以经济欠发达的中西部为主，很多贫困户居住的土窑，年久失修，暴雨洪水、滑坡、泥石流等自然灾害造成窑洞房屋倒塌或年久失修濒临倒塌，广大窑居人民群众随时面临着生命危险。

（二）众多窑洞的种类与分类

1. 庆阳窑洞的种类

有人曾将陇东黄土高原区喻为"如挂在云雾中的洞天神府，似镶嵌在黄土高原上的颗颗明珠"。因为陇东黄土高原是天下黄土最深厚的地方，而窑洞更是密密层层，鳞次栉比。

庆阳窑洞的种类很多，细算可分十多种，但按大类分为三种：

明庄窑：也叫崖庄窑，它一般是在沟边、山畔，利用崖势，先将崖面削平，然后修庄挖窑。"陶复陶穴"中的"陶复"指的就是明庄窑，有一庄三窑和五窑的，也有五窑以上的。宁县瓦斜乡有一个大窑洞历时千年之久，占地二百平方米，一门五窗，窑内可容纳数百人集会。在董志塬、草胜塬等大塬上，也有利用胡同修庄的，由于崖势不高，不得不下挖几米再挖窑，往往形成三面高，一面低，这种庄子被称为半明半暗庄。

土坑窑：这种窑基本都在平原大坳上修建，先将平地挖成一个长方形的大坑，一般深五至八米，将坑内的四个面都削成崖面，然后在四面崖上挖窑洞，并在一边修一个长坡径道或斜洞子，直通塬面，作为人行道。"陶复陶穴"中的"陶穴"即指这种下沉式地坑庄。这种窑洞实际上是地下室，"冬暖夏凉"的特点

窑

洞

则更为显著。

箍窑：箍窑一般是用麦草黄泥浆和土胚砌成基墙，拱圈窑顶而成。窑顶上填土呈双坡面，用麦草泥浆抹光，前后压短椽挑檐，有钱的人还在上面盖上青瓦，远看似房，近看是窑，用长方形石块箍的窑洞称石箍窑。

庆阳窑洞按用途分还有很多种。高窑就是在正窑面或在庄子崖面正面两窑口之间的上部，挖小窑一孔，修阶梯而上，可以高瞻远瞩，多为防盗而用。拐窑则是在窑内一侧挖一小窑洞，多为储藏贵重物品或粮食而用。住家窑洞因用途不同，名称也有所不同，有客屋窑、厨窑、羊窑、中窑、柴草窑、粮窑、井窑、磨窑、车窑等等。

2.陕北窑洞的分类

"土打的窑洞丈二宽，夏天凉来冬天暖"。陕北的窑洞大体上可以分为三类：土窑洞、石窑洞和砖窑洞。土窑洞是利用黄土的特性，挖洞造室修成的窑洞，一般深七到八米，高三米多，宽三米左右，最深的可达二十米。土窑是直接在黄土形成的崖壁上挖孔形成居室，多数在内部加盖砖或石墙，以防止土层倒塌；石窑洞是用石头作建筑材料，深七到九米，宽、高皆为三米左右的石拱洞；砖窑的式样、建筑方法和石窑洞一样，外表美观。

砖窑、石窑：在平地上用砖或石头搭成墙壁和上部的拱，然后人工盖上土。除此之外，还有一种接口窑洞，也称砖（石）面窑，是上面两类的混合，介于土窑洞和石、砖窑洞之间的窑洞，一般是在土窑洞前开大窑口，加砌石料或砖砌窑面，外观类似石窑洞和砖窑洞。

一户人家一般需要二孔以上的窑洞。正窑（一家之长居住的窑洞）向南或向东。各个窑洞可以并列，上下排列用磴道或梯子相连，或者围成四合院形式。黄土高原比较缺乏木、石等建筑材料和烧砖、瓦所需的燃料，但有质地细密的黄土层。窑洞特别是土窑充分利用了这一情况。外部的土层有利于室内恒温和隔音，下面是实地的地板可以大量承重。易燃材料不多，因而火灾不易传播。缺点是只能单层建筑，不耐雨淋，内部容易潮湿。而且室内光线、透气比较差，地震来临时容易倒塌。

3.其他分类

靠崖式窑洞（崖窑）：崖窑即沿直立土崖横向挖掘的土洞，每洞宽约三到四米，深五至九米，直壁高度约两米余至三米余，窑顶掘成半圆或长圆的筒拱。有靠山式和沿沟式，窑洞常呈现曲线或是折线型排列，有和谐美观的建筑艺术效果。在山坡高度允许的情况下，有时布置几层台梯式窑洞，类似楼房。并列各窑可由窑间隧洞相通，也可窑上加窑，上下窑之间内部可掘出阶道相连。

下沉式窑洞（地窑）：下沉式窑洞就是地下窑洞。地窑是在平地掘出方形或矩形地坑，形成地院，再在地坑各壁横向掘窑，多用在缺少天然崖壁的地段。人在平地，只能看见地院树梢，不见房屋。主要分布在黄土塬区——没有山坡、沟壁可利用的地区。

独立式窑洞（箍窑）：是一种掩土的拱形房屋，以土坯或砖在平地仿窑洞形状箍砌的洞形房屋，不是真正的窑洞。有土墼土坯拱窑洞，也有砖拱石拱窑洞。这种窑洞不需要靠山依崖，它能自身独立，又不失窑洞的优点。箍窑可为单层，也可建成为楼。若上层也是箍窑即称"窑上窑"；若上层是木结构房屋则称"窑上房"。

（三）豫西窑洞

豫西邙山是黄土高原的一个组成部分，地处豫西的河南洛阳史家屯有一座拥有二百多年历史的地下窑院。史家屯在 207 国道旁，离洛阳市区大约二十分钟车程。从国道转右的一个个农家小院，走近可以发现这里别有洞天，遐迩闻名的地下窑院就在此地。拨开草儿，一个四方形的洞口出现在眼前，足有好几米深，入口就在距离窑洞不远的地方。拾级而下，大约走五六米向左转，就会看见一条十来米长的小道，一直通到地下一个四方形的院落，感觉就是一个地面上清静的小院落。由于来往游客较多，地面上已经磨得比较光滑。据主人介绍，这个窑院掘地八米，一共有五六口窑洞，是十几个人花了一年的时间才挖好的。住地下窑洞除了可以节省建筑成本外，还能躲避战争带来的毁

坏。窑洞周围，用砖头砌着，装有木门，上面有圆形窗户，钉有纱窗，防止蚊虫进入。窑长八尺，宽八尺，这样的结构最牢固，其他几口窑都是这样的尺寸。在地下窑洞院落里，有一口古井，虽然早就不在此打水喝了，但它却充分发挥起水井天然冰箱的功能，天气热时，不用费电就可以喝到冰凉爽口的饮料。有空时后辈们就聚在窑洞里，搓搓麻将，凉爽惬意。时光流逝，古朴地下窑洞生活也成为一种珍贵的记忆。

（四）陕北窑洞

陕北，通常是指长城以南、黄河以西、子午岭以东、桥山以北的广大地区。总面积约 80 744 平方公里，包括延安、榆林两个地区，共二十六个县市。陕北窑洞历史悠久。2004 年，考古工作者在陕北的吴堡县相继发现了两座原始社会龙山文化时期（属新石器时代晚期）的石头城，其中就有窑洞式房址近七十座。时至今日，虽然面对着楼房的巨大冲击，但就整个陕北地区而言，这一带居民的主要居住形式还是窑洞。特别是在广大的农村地区，居住率几乎达到了100%。位于黄河中游、属黄土高原丘陵沟壑区的延安地区，无论是城镇或乡村，窑洞仍是人们最主要的居住形式。像米脂的姜氏庄园、马氏庄园、常氏庄园等地主庄园的设计者更是独具匠心，把其他建筑风格和窑洞建筑结合在一起，集陕北窑洞几乎所有的优点和其他建筑风格的优点于一体，美观大方而又气势恢弘，是陕北窑洞的精华和典范。

陕北窑洞民居是我国黄土文化的重要象征，是原生态与生土建筑的代表，它是我国建筑文化中的宝贵遗产，又是研究陕北文化的重要组成部分，更是陕北文化与艺术的发源地。黄土高原的土崖畔上，正是开掘洞窟的天然地形。人类的居室大都因地制宜而营造，在黄土高原表现得尤为突出。陕北的历史与人文故事，首先是从窑洞民居开始，只有真正弄懂窑洞民居，才能清楚地了解陕北的一切，原生态文化与黄土窑洞有着密不可分的渊源。

陕北窑洞的装饰是别具一格的，素有"神仙洞"的美誉。窑洞内部装饰包括窑洞别致的设计，如窑洞内部形状、过洞（即在两孔窑洞中间的小门）及掩饰过洞的门帘等。窑洞的外部装饰指除了窑洞窗子的手艺、窑洞窗子的材料和花样及其工艺、窑洞门帘的样式和花色、窑顶花栏的样式等这些与窑洞直接相关的部分，还包括门前院子的样式和干净程度、石碾子、石磨、庭前花卉树木的品种和繁茂程度、燕子窝、大小门和石墙、晾晒的粮食和辣椒等。窑洞的内部装饰在很大程度上决定了当地人对这家主妇的评价。窑洞的外部装饰则显示了主人是否勤劳以及该家庭的富裕程度。

黄土高原沟壑纵横，色彩单调，为了美化生活，窑洞的主人们以剪纸装饰窑洞。延安窑洞的窗户是整个窑洞中最讲究、最美观的部分。由木格拼成各种美丽的图案来修饰拱形的洞口。窗户分天窗、斜窗、炕窗、门窗四大部分。窗户有两种，一种是1平方米左右的小方窗；另一种是约3—4平方米的圆窗。窑洞的窗户是窑洞内光线的主要来源，窗花贴在窗外，外看颜色鲜艳，内观则明快舒适，从而产生一种独特的光、色、调相融合的形式美。窑洞一般修在山腰或山脚下的向阳之处，窑洞上面的脑畔多栽树木和花草。

（五）天井窑院

天井窑院既是游览农村的一大景观，也是研究黄土高原民俗和原始"穴居"发展演进的实物见证。天井窑院，俗称"地坑院"，早在四千多年以前就已经存在了，现在河南三门峡、甘肃庆阳及陕西的部分地区还有分布。其中河南三门峡境内保存得较好，至今仍有一百多个地下村落、近万座天井窑院，依旧保持着"进村不见房，闻声不见人"的地下村庄景象，其中较早的院子有二百多年的历史，住着六代人。地坑院，顾名思义就是在地上挖个大坑，形成天井，然后在坑的四壁上挖出洞穴作为住宅。这种住宅是老百姓根据当地的气候条件、特别是干旱少雨的情况和土质状况创造出来的一种具有地方特色的居住形式。

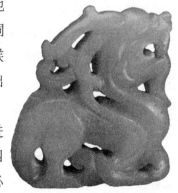

天井窑院一般为独门独院，也有二进院、三进院，即多个井院联合。有人称它是"地下的北京四合院"。旧时候村民对修建窑院十分重视，建前必

先请阴阳先生察看一番，根据宅基地的地势、面积，按易经八卦决定修建哪种形式的院落。一般分四种类型：一是东震宅，长方形，凿窑八孔，南北各三孔，东西各一孔，门为正南方，厨房设在东南；二是南离宅，长方形，共凿窑八至十二孔，门为正东方，厨房设在东南；三是西兑宅，群众叫西四宅，正方形，凿窑十孔，东西各三孔，南北各二孔，门走东北方，厨房设在西北；四是北坎宅，长方形，凿窑八至十二孔，门走东南方，厨房正东。东西南北各按易经八卦排列，主窑高3—3.2米，可安一门三窗，其余为偏窑，高为2.8—3米，一门二窗。窑洞深7—8米，宽3.3—3.5米。

如今当地政府已经在此开发了天井窑院"农家乐"旅游项目。打油诗"远望不见村庄，近闻吵吵嚷嚷；地上树木葱茏，地下院落深藏"，就是对河南西部民居的描述。的确，这里的民居相当的独特：各式各样的窑洞全都深藏在地面之下，就是站在二三十米远的距离往前望，也绝不会想到不远处的地面下居然有一个热闹非凡的民居院落。

位于河南西部的陕县、三门峡市湖滨区和渑池县的部分乡村，古时候被称为"陕州"。据有关专家考证，这片丘陵地属于秦岭东部余脉。由于古代战乱频繁，民居常常被官兵或入侵者毁坏，人们只好因陋就简，在黄土坡上挖孔窑洞居住。由于邻近黄河，每到冬天这里北风凛冽，寒冷无比。经过长期实践，劳动人民寻找到了一种更好的居住途径——在平地上往下挖一四方块的井，长宽各二十余米，深约五米。然后在下面的井壁四侧往四个方向掏挖窑洞，形成居住院落。这样一来，上面再大的风也刮不到下面来，这个天井窑院便成了人们温馨安逸的家。村民们的窑洞各具特色，各显神通。有的是拐弯儿窑，就是进了窑洞后往左或往右一拐，里面别有"洞天"；有的是连套窑，就是一个窑洞与另一个窑洞套在一起；还有的窑洞开挖得十分讲究，就像城里人的单元房，把卧室、储藏室和小客厅连为一体。窑院的奇特构思、科学设计和精巧造型，充分体现了当地人民的勤劳智慧，也是劳动人民富有创新精神的历史见证。当地人就连窑洞盘炕、院中栽树都有说辞，彰显了传统宗教文化影响之深厚。

窑院形成的背景有三：一是当地独特的地质条件，位于陕县西张村一带的黄土塬区，水位较低，就地挖井取水、凿窑而居，真是舒适的居所。二是独特的地形地貌和气候条件。豫西地区气候干旱，地势的平缓又使雨水出路畅通，不会造成坑院积水。窑洞里盘的火炕祛除了洞中的潮气，也为冬天取了暖。三是社会经济背景。陕县的天井窑院建造最广泛时期是在19世纪50—70年代。当时的经济落后，挖凿窑院除人工以外几乎不需要花销。地下住人地上做农粮收打的场地，不失为最佳场地搭配。

（六）世界最大的窑洞建筑群——延安石窑宾馆

延安大学6排226孔窑洞和延安石窑宾馆8排268孔窑洞建筑群被列入《吉尼斯世界纪录大全》，是世界上最大的两处石窑建筑群。位于杨家岭的世界上最大的窑洞建筑群——延安石窑宾馆，现在已经成为延安旅游的一个新亮点。这座独特的宾馆按三星级标准建造，依山而建，共有从低到高8排268孔窑洞，建筑整体设计吸取了窑洞冬暖夏凉、天然调温的特点，并融入丰富多彩的陕北文化底蕴。每排窑洞门前摆放着石磨、石碾和石桌椅；窑洞墙上挂着手工绘制的农民画；镂空的格子窗上，贴着陕北剪纸，充满了浓郁的陕北农家气息。为适应旅客的不同需要，有些窑洞里放着床，有些窑洞则是传统的火炕。窑洞内配有卫生间，生活设施齐全，环境干净整洁。延安市开发的这些以窑洞为主的景点，向外界展示了窑洞这种古老建筑的魅力。

窑洞

五、无可取代的窑洞印象

（一）窑洞的优点

从古到今，窑洞在人类生存环境和生活方式中具备许多优点，其价值经得起历史和文明进程的验证。

1. 保温隔热，冬暖夏凉

窑居者关于窑洞"冬暖夏凉"的共识自古流传。河南《新安县志》中就有记载："窑中夏凉冬暖。"甚至儿歌谜语"我家住的无瓦房，冬天暖和夏天凉

（打一物）——窑洞"也体现的是窑洞冬暖夏凉的特点。《庆阳府志》载诗云"沙女怜无一寸纬，土窑三冬火作衣"，苦涩的笔调描绘了窑居者缺衣少食的困窘状况，但同时也反映出了以窑洞取得温暖，得以延续生命的"解酣"办法。

作为窑居主体的广大农民，"保温隔热"使他们享受到了舒适的体感和省钱的好处。从可持续发展的角度来讲，更是节约了能源。面对能源危机的严酷现实，窑洞的节能效应已在环保专家、建筑学家与公众三者之间取得了共识。节能的结果是减少了二氧化碳的排放量，其深远意义则是对"只有一个地球"的保护。

科学家认为，人类最适宜的生活环境，其温度在16℃—22℃的范围内，相对湿度在30%—75%的范围内，而黄土恰恰是绝好的保温隔热建筑材料。天然洞穴的温度基本保持在5℃—8℃之间。据对山西省临汾地区窑洞室温测定，在3—5米厚的黄土覆盖下，每年4月—10月窑内温度和湿度与窑外相同，夏季窑内较窑外低10℃左右，而冬季窑内温度又较窑外高15℃左右。在河南省巩县，最冷的1月份，窑外为1℃，窑内不举火也在11.27℃，窑内外温差达10℃以上。除了特殊的薄壳拱顶外，窑洞顶部必有覆土。土窑顶覆土多在3米以

中国古代民间建筑

上，独立式窑洞也在 1—2.5 米之间。覆土的作用有三：一是压顶作用；二是保温隔热；三是调剂湿度。黄土高原地区干旱少雨，冬季的窑外湿度仅为 2%—15%，俗谚有云"冬不生火暖融融，夏不摇扇凉清清"。这是由于窑顶覆土涵养的水分经下渗可使窑内湿度保持在 30%—75% 的范围内，甚至可保持在 35%—50% 的最佳状态，起到了灭菌滤尘的作用。窑洞内温度、湿度接近于人的生理适应范围且相对稳定，再加上窑内举火煮饭和热炕，所以无论冬夏，温度会很快调适在 20℃ 左右，是最舒适的居住环境。

2. 施工简便，节省木材，造价低廉

除四面临空俗谓之"四明头窑"和束条拱顶柳笆庵之外，沟壑区多数石拱窑均就地采石箍窑。材料无需烧制，也不必耗资，节约了能源和运输费用。而节省木材更是具有双重意义，不仅保护了植被，而且大大降低了工程造价。正如《闻喜县志》所说"所砌之窑，固而耐久，亦见古时木材贵，而人工贱也"。民国八年二十五卷石印木更有解嘲对联云："分明是钱短木料贵，还落个冬暖夏天凉。"所有的这些，从技术上说是节约"资金"。而窑洞的老祖宗——土窑是一律缘崖面掘进而成洞；下沉式窑洞更是先下掘而成坑，再平钻而成洞，更以纯生土为建筑材料而以"减法"营造的，这样一来，工程造价全在"工"上，而省了"料"费。

据洛阳市建设委员会窑洞调查组调查，一般天井式窑院单位面积每平方米用工 1.8 个，造价每平方米 12 元，一孔 27 平方米的土窑，土工造价仅 324 元，加上木工 5 个工日，一孔窑所需费用仅 500 元左右。直到今天，一孔窑工程造价也仅仅需要 2 000 元左右；豫西掘一套地坑窑（最少 6 孔）也仅 9 000 元。黄土高原区农民传统的营造方式是帮工，作为一种生产习俗，即使在市场经济条件下，也一时难以推翻。谁家要打窑，亲戚邻里都会前往帮助，除了少量的资金和必备的材料外，只管饭就行。这样下来，一孔土窑几十平方米，其建筑面积工程造价尚不及大城市居室一平方米的价格。当然，砖拱室的建筑材料是砖，砖是需要烧制的。可是砖的原材料是生土，仍是就地

取材。所需费用只是脱坯烧制匠工工钱和燃料两项，亦不失为经济划算的一种材料选择。

3. 节省耕地，保护环境，具有生态文明意义

打土窑是凿洞，不占或是很少占用地表，而是向地下争得居住空间。在丘陵沟壑区，由于要减少占用耕地和获得良好的土质，土窑多建在不宜耕种的陡崖部位。削崖和掏窑所残留的土又供院子和硷畔使用，更把水土流失的斜坡变成水平的地坪，和修造梯田一样，具有水土保持的作用。与此同时，由于不破坏地表植被，不破坏自然风貌，有利于绿化，对摆脱生态危机，维护生态平衡具有不可替代的环境价值，不愧为生态建筑。我国耕地以每年 2 000 万亩的速度锐减，人均占有土地已由建国初的 26 亩减少到 1995 年的 7 亩，人均占有耕地由 20 世纪 40 年代末的 2.7 亩减少到 1995 年的 0.7 亩，而人口却以千分之十递增。面对这样严酷的现实，继《为黄土高原的"寒窑"呼唤春天》一文发表之后，窑洞专家任震英总工程师又大声疾呼：千万勿"弃窑建房""别窑下山"！

以生土作为建筑材料，具有就地取材、减少运输费用、节省木材、施工简便、造价低廉、保温和隔热性能优越等优势，这便是窑洞为什么自古至今大行其道、历久不衰的主要原因。"风吹熟的陈墙，火烧熟的旧炕，日头晒熟的脑畔，柞子捶熟的胡真""场不长路长，房屋不长窑长"，俗谚中的"熟"是指宜于种植的"熟土"；所言的"长"是指宜于庄稼生长。这些民谚都在说明倒塌或拆除的窑洞所产生的建筑垃圾，在经历了长年累月的风化作用及一系列复杂的变化涵养过程后，生土已经变成富含腐殖质的"熟土"，回归到大自然中。由造价低廉的生土变为宜于植物生长的地表"熟土"的衍化过程，从有用到有利，完全是良性循环。从这个角度上看，窑洞生土可称得上是绿色建筑材料。又由于黄土的直立性强，所以自古及今，一直成为原始洞穴和窑洞的主要建筑材料。但毕竟黄土土质相对松软，建筑学家在利用这种绿色建筑材料的同时，正在寻求一种使其变为高强度建筑材料的解决办法。在发达国家中，由于生态环境意识的提高，用生土建造的别墅已成为人们回归自然的一种追求。法国、美国、巴西等国家，自 1980 年以来用新型的土坯建造了大量别墅，研制出多种高强度

的土坯机具，并向非洲等发展中国家推广。可见，窑洞作为生土建筑，又具有了生态文明的意义。

4. 窑居者长寿

古代人早就发现了窑居者长寿的秘密，故把结婚新房称之为"洞房"，对联横额常书"洞天福地"。古人又常把窑洞和"仙"联系起来，由凡人转化的长生不老的"仙人"往往是住在洞中"得道"的，称为"洞仙"。剔除其迷信的成分，揭去其玄之又玄的面纱，长生不老也是以洞居者长寿为根据演化而来的。

居于窑洞中，由于黄土的庇护，阻隔了大气中放射性物质辐射对人体的危害。久居窑洞者几乎很少患眷瘙痒、赘疣、疹子等皮肤病，支气管炎、哮喘等呼吸道疾病和风湿性心脏病心患者较少。前苏联时期医疗界曾据此试验"山洞疗法"。让患有这些病的患者们居于山洞，治疗半个月，其支气管炎治愈率达84%，哮喘病治愈率竟达96%。我国医学工作者根据洞穴中特殊的微气候环境能提高人体免疫力和抗病力的功能，创造了集地质学、环境学和医学于一体的新型学科。洞穴医疗在我国也有大的发展，利用广西柳州响水岩洞18℃—21℃的恒定温度环境和洞内的特殊微气候环境，首创洞穴医疗站。除了治愈上述几种疾病外，还对诸如尘埃性气管炎、鼻炎、肺炎、枯草热、百日咳、高血压、多发性神经炎等顽症进行治疗，已经取得了可喜的疗效。

科学家们研究发现，生长在黄土地带的植物富含微量元素硒和锰。硒具有减少脂肪积聚和延缓人体器官老化的作用；而锰元素在人体内利于防止心血管病。科学家还发现，硒还有抗氧化功能，有可能防止或减轻 SARS 病毒对肺组织造成的损伤；硒还能调节机体的免疫功能，从而增强人体抗病能力。

窑居者高寿的原因之一是窑洞可以防止乃至隔绝噪音和光辐射，因此消除了人的紧张情绪。在窑居区耳聪目明的老者比比皆是，失眠、神经衰弱和精神病患者也大为减少。黄土窑洞由于覆土厚，两窑之间相隔距离大，加上居住分散的特点，现代机械设施一时难以被穷乡僻壤普遍接纳，没有外界车水马龙的闹市，也没有难以忍受的工业噪音，所以夹杂在大量噪音中的次声波自然少之又少。窑洞能防止和消除疾病顽症，又避免了高度发展

的现代文明带来的"污染"，长寿就成为自然而然的事了。据有关单位对山西省阳曲县窑洞居民的调查，男女平均寿命在 70 岁左右，95 岁以上的老者屡见不鲜。

5. 减灾建筑

由于土层厚，窑洞又具有了防空、防火、防震的功能。早在 18 世纪中叶人们就认识到，由于窑洞纯属土体或砖石结构，一孔之内失火，就算自家烧个精光，也不会殃及邻窑，当然也不会损坏主体拱洞，降低了建筑物的损失。清乾隆本《延长县志》中有云："凡窑必筑炕，饮食卧起俱焉，不唯陶复陶穴，犹留古风，而冬暖夏凉，不虞火灾，亦胜算也。"从统计资料看，窑洞和其他地下生土掩体建筑在我国大的地震灾害中，建筑物损失程度最小。从灾害学的角度讲，窑洞是最典型的"减灾建筑"，如此命名的根本原因还在于它是地下掩土建筑。"地下"的含义是它深藏于地球母亲的怀抱中，难以成为攻击目标，所以地下空间建筑又重新引起人们的重视。

（二）窑洞在革命时期的意义

窑洞是民居的一种，和一般意义上的挖穴而居是有很大差别的。窑洞里的人们同样过着幸福的生活，同样能够做出一番伟大的事业来，延安革命的成功就是一个强有力的佐证。抗日战争时期和解放战争时期的十一年间，日本侵略者和国民党军队飞机对延安进行过四十多次狂轰滥炸。有时一天之内就有上百架的轰炸机遮天蔽日而来，投以吨计的炸弹和燃烧弹，窑洞及其与之有连带关系的传统地窖子的庇护起了至关重要的作用，大大减少了人民的生命财产损失，才得以以雄厚的人力和军用物资支援前线，取得了抗日战争和解放战争的胜利。从地理学角度来说，陕北是一个因特殊原因被割裂而异常突出的地壳板块。它既不属于关中——中原文化型的地形地貌。它和关中虽然同属一省，但人文地理和自然却迥然相异；也不属于塞外草原瀚海文化型的地形地貌，它与塞外草原沙漠虽然毗连为邻，但在历史上却一直存在着经济和文化的鸿沟；它与晋西、宁东和甘东虽然同属黄土高原，但却被黄河以及上游支流切割开来，

形成了经济和文化的离异状态，并成为一个独立性极强的特殊地域。

　　延安是中国共产党领导全国人民进行民族革命和民主革命斗争的心脏，在大多数人的脑海里，延安的形象是战争、大生产和生死存亡，是艰苦岁月的代名词。如今历史的硝烟已经退去，只剩下几排静静的窑洞，而每个窑洞门口又都钉有一块木牌，上面写着某年某月毛泽东同志居住于此，或是著有哪几本著作。有的虽只住几十天，仍然有著作产生。

窑

洞

六、耕读文明的窑居村落

（一）山西省汾西县师家沟清代民居

山西作为华夏文明的发祥地，有着深厚的文化底蕴，至今保存着占全国70%以上的地上文物。许多规模宏大并极具历史研究价值和艺术价值的古村落、

古民居被掩藏在交通不便的深山之中。或许是因为交通的闭塞和发展的落后，才使得这些建筑艺术瑰宝得以保存至今。

山西省拥有一处丘陵沟壑地区具有代表性的山地村落建筑群——山西省重点文物保护单位师家沟民居。师家沟村位于汾西县城东南5公里处，它三面环山，南临河水，避风向阳，是一块天然的风水宝地，是以"楼上楼，院中院"为布局的清代民居。它所具有的独特的空间处理、地形利用、窑洞民居、建筑装饰、雕刻书法等风格，却是许多晋商豪宅大院所无与伦比的。它依山就势而建，错落有致，鳞次栉比，呈阶梯状分布。它的营建思路也值得今人借鉴，曾被国际古建筑学术界认定为山区空间扩张利用建筑体"天下第一村"。气势宏伟的景观洋溢着黄土高原的阳刚之气，可以说是一部山地建筑的经典，是耕读文明的窑居典范。

民居创建于清乾隆三十四年（1769年），相传创建人师法泽是意外发财起家的，又有说法是由师家四兄弟做官发达后始建，历经嘉庆、道光、咸丰诸朝，并于同治年间进行了扩建，形成占地面积约十余公顷的集群型、家族式的综合体。师家沟村《要氏族谱》记载："观其村之向阳，山明水秀，景致幽雅，龙虎二脉累累相连，目观心思以为久居之地面。"主体建筑一周有一条用长方条石铺成的人行道，长达一千五百余米。整个村落既有垂直方向的空间渗透，又有水平方向的空间穿插，充分体现了丘陵沟壑区依山就势、窑上登楼的特点，还融入平原地带多建四合院的空间布局。

师家大院最值得一提的要数建筑雕刻艺术，可以说是清代乡风民俗的集中体现。其中木雕、石雕、砖雕分别装饰着斗拱、栋梁、照壁、柱基石、匾额、帘架、门罩等各个方面，内容丰富、体裁多样。仅以"寿"字为例，变化多样的窗棂图案多达一百零八种。师家沟清代民居历经二百四十多年风雨剥蚀，如今仍基本完整，被誉为"迷宫""天下第一村""文物精华窑洞瑰宝"。当地流传着"关好八大门，锁好十小门，行人难出村"和"下雨半月不湿鞋"的说法，师家沟建筑群为防御自然灾害，设有完整的排水设施；为防御盗匪，家家有地道。然而，由于对师家沟的开发、保护和利用，需要巨额资金投入，这与残破、衰败的现状成为一对矛盾。但是对摄影人来说，这种规模宏大又不失细节的残缺美，反而更加彰显了师家沟的独特魅力和神韵。

（二）河南省巩义市康百万窑洞庄园

康百万庄园坐落于河南省巩义市（原巩县）康店镇，距市区 4 公里，始建于明末清初。由于它背依邙山，面临洛水，因而有"金龟探水"的美称。"康百万"是明清以来对康应魁家族的统称，因慈禧太后的册封而名扬天下。康百万家族，以财取天下之抱负，利逐四海之气概，秉承"诚实、守信、勤俭、拼搏"的原则，保持儒家中庸、留余的处世态度，大胆开拓、勇于创新，多次得到皇帝赏赐，数次钦加知府衔，上自六世祖康绍敬，下至十八世康庭兰，富裕十二代、四百多年，成为豫商成功的典范。历史上曾有康大勇、康道平、康鸿猷等十多人被称为"康百万"。其中最具代表性的是清代中期的康应魁。民间称其"头枕泾阳、西安，脚踏临沂、济南；马跑千里不吃别家草，人行千里尽是康家田"，盛极一时。明清时期，康百万、沈万三、阮子兰被中国民间称为三大"活财神"；民国时期"东刘、西张，中间夹个老康"，是中原的三大巨富之一。而如今的康百万庄园以豫商文化家园深厚的文化底蕴、独特的建筑风格吸引着中外游人。二十世纪六七十年代，河南康百万庄园、四川刘文彩庄园、山东牟二黑庄园，被称为全国三大庄园，康百万庄园作为三大庄园之首，比山西乔家大院大

十九倍，且对外开放，轰动河南、闻名全国，被称为中国第一庄园。

康百万庄园是 17、18 世纪华北黄土高原封建堡垒式建筑的代表。它依"天人合一、师法自然"的传统文化选址，临街建楼房，靠山筑窑洞，四周修寨墙，濒河设码头，据险垒寨墙，集农、官、商风格为一体，建成了一个各成系统、布局谨慎、规模宏大、功能齐全、等级森严的大型地主庄园。康家大院的一大奇观是在普通生活区。生活区有一处书法雕刻集中的窑洞，在院子的最西头，洞内两侧共有十六块与成人一般高的大石碑，上面雕刻着赞扬庄园主人的诗篇，风格迥异的中国书法在此各显风采。庄园建筑以寨上主宅区为核心，向寨下其他区域以扇面形式展开，建成功能不同、形式各异的群体院落，既保留了黄土高原民居和北方四合院的形式，又吸收了官府、园林和军事堡垒建筑的特点，被誉为中原艺术的奇葩。1963 年 6 月，被河南省人民政府公布为重点文物保护单位。2001 年 6 月，又被国务院公布为全国重点文物保护单位。2005 年，被授予国家 4A 级旅游景区。不愧为豫商精神家园，中原古建典范。

（三）山西省灵石县王家大院

近年来，山西省以"名城、名山、名院"为优势推出一条精品旅游线路。位于山西省灵石县城东 12 公里处的静升历史文化名镇王家大院，距世界文化遗产平遥古城 35 公里、介休绵山风景区 4 公里，同蒲铁路、108 国道纵贯县境，距大运高速公路灵石出口两公里，交通十分便利。王家大院作为我国优秀的传统建筑文化遗产和民居艺术珍品，被广誉为"华夏民居第一宅""中国民间故宫"和"山西的紫禁城"。另外，还有一个流传很广的口碑——"王家归来不看院"。

王家大院是清代民居建筑的集大成者，由历史上灵石县四大家族之一的太原王氏后裔——静升王家历经清康熙、雍正、乾隆、嘉庆四代皇帝先后建成。拥有"五巷""五堡""五祠堂"宏大的建筑规模。其中，分别被喻为"龙"

"凤""龟""麟""虎"五瑞兽造型的五座古堡院落布局，总面积达 25 万平方米以上。现以"中华王氏博物馆""中国民居艺术馆"和"力群美术馆"开放的红门堡（龙）、崇宁堡（虎）、高家崖（凤）三大建筑群和王氏宗祠等，共有大小院落 231 座，房屋 2078 间，面积 8 万平方米。王家大院的建筑，有着"贵精而不贵丽，贵新奇大雅，不贵纤巧烂熳"的特征，又凝结着自然质朴、清新典雅、明丽简洁的乡土气息。

红门堡、崇宁堡、高家崖三组建筑群比肩相连，都是黄土高坡上典型的全封闭城堡式建筑。外观顺物应势，形神俱立；内部窑洞瓦房，连缀巧妙。看似千篇一律，实际变化万千，博大精深壮观，天工人巧地利，基本上继承了我国西周时就已形成的前堂后寝的庭院风格，再加上匠心独运的木雕、砖雕、石雕，内涵丰富，装饰典雅，实用而又美观，兼融南北情调，具有很高的文化品位。在保持北方传统民居共性的同时，又显现出了各自卓越的个性风采。

王家大院的建筑结构，多采用前院为木构架形制，融历史、哲学、力学、美学为一体，后院为两层窑楼，高层为梁柱式木结构房屋，底层为前檐穿廊的窑洞，构成了典型合理的梁柱式木结构建筑与砖石窑洞式建筑相结合的建筑形式，充分体现了中国古代北方民居坚固、实用、美观的建筑特点。整个建筑设制，集官、商、民、儒四位于一体，在建筑的局部和细微之处，汲取了南方园林建筑的设计风格，将造院技巧与造园艺术有机地融为一体，是王家大院建筑艺术的又一大特色。这样一来，大院成为多元文化体的艺术大殿堂，不愧为我国民居建筑艺术之精品。

窑

洞

七、传统房屋的今天明天

（一）窑居村落的困境

中国窑居建筑具有很强的生态意义和"天人合一"的哲学思想，充分利用地下空间、发挥本地自然材料特性，并在保持生态平衡、自然景观以及节约土地、能源上优势很大，是最符合我们当代社会所倡导的生态建筑文化范畴的典范。但由于传统窑洞室内通风不畅、采光差、卫生条件不好、潮湿等原因，新一代的农民在物质条件丰富后，大多弃窑建房。很多地方更是把毁窑建房看做脱贫致富的标志。西安近郊沪河边上的月登阁村，原本前院后窑，户户相连，世代居住在沪河西岸的黄土崖上，蜿蜒2公里。80年代以来，全村弃窑建房，占用良田8.7公顷。这种绿色建筑遭到了前所未有的破坏和打

击，新房子盖成了四方块，在沟道里、在山塬上出现了用铝合金做的窑洞门。

传统的窑居村落正逐步走向衰亡，究其原因主要有以下几点：随着经济发展，人们生活水平逐渐提高，传统的生活方式发生了变化；由于地方生态环境意识淡薄，居住区出现了环境问题；取水方式的变化，使人们摆脱了追随沟下水源的束缚，有条件在高原的平地上建房；传统的窑居村落住户分散，不利于人际交往，而这种居住形式也不利于现代交通的发展；传统窑洞的卫生状况不易改善，特别是上下水；随着一体化的侵入，当地的老百姓在电视机里看到大城市的高层建筑，还有那些漂亮的乡间别墅，开始为自己居所的简陋和落后感到羞愧，从而使他们的住房观念发生变化，影响对居住形式的选择。另外，老百姓拆除窑洞的现象，也主要是由于政府城市化的宣传导向而导致的。现在的农村很多都像城市居民区，根本不是天人合一、人与自然和谐相处的良好状态。

（二）将要面临的选择

美国迈阿密大学教授德伯里在《人文地理·文化、社会与空间》一书中，把人类赖以生存的居住房屋分成传统房屋、准传统房屋、准现代房屋和现代房屋四种类型。按此分类，黄土高原窑洞民居区如此大的地面，其居住形式仍然是传统房屋和准传统房屋的窑洞。在现代工业的发展和西部大开发战略的实施过程中，黄河中游地区的窑洞聚落区已经成为举世瞩目的能源工业基地。交口河镇、庆阳市、河庄坪镇、大柳塔镇等新的现代工业城镇皆因煤炭、石油和天然气开发的缘故而出现，与此同时，新的准现代房屋也顺势拔地而起。但黄土高原是一个特殊的地面，被贫穷和落后困扰了数千年的黄土高原人仍然居住在传统的黄土窑、柳笆魇、泥顶房中。但黄土窑洞辉煌的过去及其在人类居住文化上的历史贡献和科学性是不可磨灭的。放眼于未来，环境污染、生态破坏等现代文明的弊端昭示着窑洞依然具有新的生命力。

实际上，西方国家正在考虑的未来建筑正是这窑洞式的掩体建筑，建筑师们认为这是一种人类回归自然的新型建筑形式。这种被陕北人认为是最落后的、极希望抛弃的窑洞，还有可能成为最前卫的未来建筑。其建筑形式和陕北的窑洞基本一致，但更讲究植被和绿化，并伴有现代化的室外设备。如今，掩土建筑已得到较为广泛的共识，这是由于全球性的环境与能源、土地与空间、人口与居住等一系列相关问题引起的建筑师们对未来建筑思考的结果。目前，我们最好的选择是对传统的窑居村落进行合理的更新、改造，使其适应现代生活，同时又保留窑居建筑节能节地的生态优势。而现实中当前窑居村落亟待解决的问题也是很多的，如燃料问题、上下水、建筑材料与技术、太阳能利用、文化娱乐等服务设施、照明与通信、道路与停车。如果能够解决好上述问题，传统的窑洞民居必将走出贫困落后的境地。以保护环境、有效利用土地、节约能源为特征的新型掩土建筑、生土建筑构成的新型山地村落，必将成为广阔的黄土高原上新的风景。

窑洞

(三) 窑洞不会成为历史

1. 历程与回顾

1980 年 12 月 5 日—10 日，在甘肃省兰州市召开了中国建筑学会窑洞及生土建筑调研协调会，创立了"窑洞及生土建筑研究会"。六大窑洞区除河北省外，各省、区都成立了研究分会，我国著名规划大师任震英出任会长，西安建筑科技大学侯继尧教授、重庆建筑大学陈启高教授、云南省建委总工程师毛朝屏同志和福建省土木建筑学会秘书长袁肇义工程师任副会长。研究会开展了卓有成效的科研实验工作。在省建委的资助下，陕西省乾县张家堡村改建了利用自然空调、太阳能的节能节地实验窑洞；山西省在浮山县做了改善窑洞的多种实验，并实施了美国宾州大学教授吉·戈兰尼博士设计的窑洞革新方案；河南省在巩义市石窟寺小学，做了除湿通风、改善采光的实验；甘肃省在榆中县贡井乡做了改善窑居环境质量的实验，修建了太阳能窑洞，还在兰州市白塔山公园西侧（烧盐沟），规划建造了一万多平方米的实验窑洞——"白塔山庄窑居小区"。1986 年—1987 年，白塔山庄第一期工程建成，挂上了窑洞及生土建筑研究会的牌子。《兰州报》《建设报》《人民日报》（海外版）和《中国日报》（英文版）都以《"寒窑"的春天来了》为标题，做了引人注目的报道。

2. 跨世纪行动

新世纪的到来，人们对未来人居环境、自然生态体系的平衡倍加关心，人类社会在可持续发展的观念上已经达成共识。至此，"绿色建筑""生态建筑""可持续发展的设计"已成为建筑学科发展的前沿，这也表现了人类理智和文明的升华。对黄土高原窑洞的研究，已拓展为对黄土高原人类聚居环境的研究，这块历尽沧桑的土地再次成为众多学科研究攻关的阵地。国家自然科学基金委员会对此也加大了资助力度。1996 年，西安建筑科技大学的"黄土高原绿色建筑体系与基本聚居单位模式研究"被国家自然科学基金委员会批准为国家重点科研项目。1997年，西安建筑科技大学的"黄土高原土地零支出型窑居村落的可持续发展研究"被国家自然科学基金委员会批准为资助项目。

　　中国传统文化中有很多非常优秀的东西，只需略加改造，或许就成了另外一种超前的模样。窑洞古城的保护虽然只是陕北生土建筑的一个项目，但它牵扯着人与环境的关系。回归自然，天人合一，保持人与自然之间的平衡关系，是未来世界的一个发展趋势，所以窑洞的保护就显得任重而道远。窑洞保护过程中最关键的是人们要有保护原生态文化的意识。人的观念要回归到和谐共处、对古代文化和现代文明同样尊重的状态，守护承载着世世代代陕北人感情的窑洞。坚定目标、聚集力量、克服困难为发展中国生土建筑学而奋斗，中国窑洞建筑的春天定会在不久的将来来临！

窑

洞

晋　　祠

晋祠是太原的名胜，也是山西著名的古迹之一。

晋祠位于太原市西南部，坐落在吕梁山悬瓮峰麓，晋水源头，距市中心二十五公里。晋祠，山环水抱，古树参天；亭台莲池，星罗棋布；楼阁云集，雄伟壮观；气候宜人，风光明媚。因此，久有山西的"小江南"之称。这里不仅古迹众多，建筑富丽堂皇，而且还有着许多脍炙人口的传说。

一、晋祠概况

晋祠是太原的名胜，也是山西著名的古迹之一。人云："不去晋祠，枉到太原。"又有人说："初到太原的人，不去参观晋祠，犹如外国友人到北京未去游览紫禁城一样遗憾。"

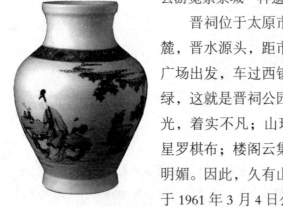

晋祠位于太原市西南部，坐落在吕梁山悬瓮峰麓，晋水源头，距市中心五一广场二十五公里。从广场出发，车过西镇，往里一拐，眼前出现一片翠绿，这就是晋祠公园，通过公园便是晋祠。晋祠风光，着实不凡；山环水抱，古树参天；亭台莲池，星罗棋布；楼阁云集，雄伟壮观；气候宜人，风光明媚。因此，久有山西的"小江南"之称。国务院于 1961 年 3 月 4 日公布晋祠为全国重点文物保护单位，2001 年又被评为国家 AAAAA 级旅游景区。这里不仅古迹众多，建筑富丽堂皇，而且还有着许多脍炙人口的传说。游览时目睹耳闻，情趣盎然，精神振奋，游兴倍增。

（一）"剪桐封弟"

晋祠，始建于公元 5 世纪北魏之前，原名唐叔虞祠。据《史记·晋世家》记述：唐叔虞姓姬，字子于，名虞，周武王之子，成王之弟。

周武王驾崩，他的儿子姬诵即位，即周成王。当时唐国（即今太原晋源镇）发生武庚（商朝末代帝王纣王的儿子）叛乱事件。成王派兵平了唐国叛乱之后，有一天，和他幼弟姬虞拿桐叶做游戏。他把一片梧桐叶剪成玉圭（古代帝王诸侯举行礼仪时所用的玉器，上尖下方）的形状，对姬虞说："把这玉圭给你，封你去唐国做诸侯吧！"当时在身旁的史佚（周代史官）立即请成王选择吉日立姬虞为唐侯。成王不以为然地说："我和姬虞开玩笑呢！"史佚却认真地对成王说："天子无戏言，言则史书之，礼成之，乐歌之。"成王无奈，只好把姬虞封到唐国去做诸侯。这就是历史上"剪桐封弟"的故事。

"剪桐封弟"的故事，发生在成王十年（公元前1106年），因姬虞是成王的幼弟，那时弟称叔，所以后人称姬虞为叔虞。叔虞到了唐国，发挥了自己的智慧，领导广大人民，积极开发农田水利，发展农业，使人民的生活水平逐渐提高，成为当时唐国人民最拥护的封建领主，造就了七百年"风调雨顺，国泰民安"的盛世局面。这段历史甚为后人传颂。当叔虞死后，他的后裔为了纪念他，在其封地之内选了一个山清水秀、风景优美的地方，建了一座祠堂祀奉他，这就是晋祠的前身"唐叔虞祠"。

叔虞死后，他的儿子燮父继位，因境内有晋水，便更国号为晋，这就是晋国历史的开始。叔虞受封的地方，相传就在晋阳（今太原晋源镇），山西省简称"晋"，就是由此而来的。

（二）晋祠历史

晋祠创建的确切年代已不可考。据北魏郦道元的《水经注》记载："沼西际山枕水有唐叔虞祠。水侧有凉堂，结飞梁于水上，左右杂树交荫，希见曦景。"由此可见，早在1500多年前的北魏时期，这里的祠、堂、飞梁等建筑，已蔚成大观。

及至东魏、北齐时期，高欢、高洋父子以晋阳为别都，建起大丞相府（史称霸府）、晋阳宫、大明宫、十二院，其壮丽豪华的程度超过国都邺城（今河北临漳西南），同时，于天保年间（550—559年）在晋祠"大起楼观，穿凿池塘"，进行扩建。读书台、望川亭、流杯亭、涌雪亭、仁智轩、均福堂、难老泉亭、善利泉亭等都是这个时期的建筑，从此晋祠的规模更胜于北魏。当时著名文人祖鸿勋曾作过一篇《晋祠游记》，赞述晋祠的山光水色和亭台楼阁。北齐皇帝崇信佛教，在晋阳广建天龙、开化、童子、崇福等寺院的同时，于后主高纬天统五年（公元569年）改晋祠为大崇皇寺。

隋、唐两朝是晋阳城发展的黄金时代，作为晋阳附属的晋祠，在此期间也得到长足的发展。隋开

皇年间（581—600）在晋祠南面建起舍利生生塔。唐朝的李氏父子更是与晋祠有着深厚的渊源。公元617年夏天，太原留守李渊正在为起兵作最后的准备。与此同时，隋炀帝安插在太原的两个亲信，李渊的副手王威和高君雅也作出了李渊即将叛乱的判断，预谋以太原天旱，需到晋祠祈雨为名，准备借机诱捕李渊。但他们的计划被李渊心腹晋阳乡长刘世龙识破，于是，李渊擒杀二人于晋阳宫。

李渊最终还是来到了晋祠，但他不是来求雨的，而是为了起兵来祈祷的。在他看来，自己起兵无异于当年武王伐纣，而唐叔虞正是武王之子，求他来保佑自然是寓意深刻的。

而唐太宗李世民跟随父亲在晋阳居住多年，时人称之为太原公子，他也一直将太原看作是"王业所基，国之根本"。贞观二十年正月二十六，唐太宗更是驾幸晋祠，留下了晋祠最为珍贵的文物，树立于贞观宝翰亭内的现存最早的一块行书碑——《晋祠之铭并序》。早在四年前，唐太宗就曾计划仿效秦皇汉武通过"封禅大典"来标榜自己"受命于天，功德卓著"，但遭到魏征等人的反对而作罢。这一次，他要借发迹故地的山水神灵一吐心中的块垒。《晋祠之铭并序》一方面通过歌颂宗周政治和唐叔虞德建国事迹以达到宣扬李唐王朝文治武功、巩固政权的目的；另一方面，也答谢了叔虞神灵保佑李氏王朝"龙兴太原，实祷祠下，以一戎衣成帝业"的冥冥之功。它既是一篇代封禅之作，又是一篇对当年李渊祷于祠下的还愿之作。《晋祠之铭并序》的书法颇具王体特色，全篇四十个"之"字无一雷同，是唐太宗书法艺术的代表作，也是一篇融其政治思想、文学、书法艺术于一体的旷世之作。

宋初，赵匡胤、赵光义兄弟三下河东攻伐晋阳城，鉴于战国赵襄子，汉文帝刘恒，北齐高洋父子，唐朝李渊父子，五代李存勖、石敬瑭、刘知远皆从晋阳起家，晋阳城北的系舟山历来被认为是龙角，西南龙山、天龙山是龙尾，晋阳居中是龙腹，所以经常有"真龙天子"出现；于是赵光义借口"参商不两立"，将晋阳城火焚水灌夷为废墟，自以为斩断龙脉，再也不会有"真龙天子"争夺宋朝天下了。赵光义在焚毁晋阳城的同时，先后用五年时间大修晋祠，据说修晋祠是为了"积功德"，可保大宋江山万代相传。他不仅翻修扩建了唐叔虞祠，还仿照李世民的做法，命赵昌言撰文，张仁庆书丹，立了一通《新修晋祠碑铭并序》。以后宋仁宗赵祯又于天圣年间（1023—1032年）追封唐叔虞为汾东王，加祀叔虞之母邑姜。崇宁元年（1102年），太原军府事孙路请旨重修圣母殿。金大定八年（1168年），更在圣母殿堂之东修建了献殿三间。晋祠以圣母殿为主体的布局日趋形成。

明清两代先后在晋祠修建了对越坊、钟鼓楼、水镜台等建筑，形成一条左右结合的中轴线，贯穿祠区，原先居于主要地位的唐叔虞祠却被冷落了。

（三）美晋祠

晋祠素有"山西小江南"之美誉，清末晋镇赤桥村举人刘大鹏撰写的《晋祠志》中说："三晋之胜，以晋阳为最；而晋阳之胜全在晋祠。"这种评价实在是言不为过。

宋朝之后历朝历代均以圣母殿为中心对晋祠进行扩建，形成以圣母殿、对越坊、钟鼓楼、水镜台等建筑为中轴线的主要的建筑群。

北面从文昌宫起，经东岳庙、关帝庙、三清洞、昊天神祠、钧天乐台、唐叔虞祠、八角莲池、松水亭、善利泉亭、贞观宝翰亭、景宜园、朝阳洞、老君洞、云陶洞、财神洞、待凤轩、三台阁、读书台、吕祖庙到苗裔堂。这一组建筑依地势高低而建，错落有致，以崇楼高阁取胜。

南面从胜瀛楼起，经白鹤亭、挂雪桥、傅山纪念馆、董寿平美术馆、晋溪书院、王琼祠、三圣祠、真趣亭、不系舟、张郎塔、难老泉亭、水母楼、难老艺苑、公输子祠到台骀庙。这一组建筑点缀于晋水之间，极富诗情画意，以风景优雅而驰名。再往南有十方奉圣寺、舍利生生塔、浮屠院、留山园、柏月山房记、翰香馆、留山湖等，自成另一体系。

晋祠中的这些不同时期的建筑并不是杂乱无章的，而是犹如经过一番精心规划设计似的，布局紧凑有序。晋祠不仅是中华文明的一

方瑰宝，也是全国较为知名的风景旅游胜地，有"三绝""八景""三大国宝建筑""三大镌刻""三大名匾"等景观。长流不息的难老泉、形如卧龙的周柏以及圣母殿中神态各异的宋塑侍女像被誉为"晋祠三绝"；圣母殿、献殿、鱼沼飞梁被誉为"三大国宝建筑"；唐碑、华严石经、柏月山房记被誉为"三大镌刻"；对越、难老、水镜台被誉为"三大名匾"。八景又有内外之分，内八景几乎全在晋祠庙院中，分别为"望川晴晓""仙阁梯云""石洞烟茶""莲池映月""古柏齐年""胜瀛四照""难老泉声""双桥挂雪"；外八景均在庙垣外及晋祠镇周围，分别是"悬瓮晴岚""文峰鼎峙""宝塔披霞""谷口双堤""山城烟堞""四水青畴""大寺荷风"和"桃园春雨"。多少游人流连于其中，赞叹不已。已故国学大师郭沫若在 1959 年所作的名诗《游晋祠》中，就曾这样写道："圣母原来是邑姜，分封桐叶溯源长。隋槐周柏矜高古，宋殿唐碑竞辉煌。悬瓮山泉流玉磬，飞梁荇沼布葱珩。倾城四十宫娥像，笑语嘤嘤立满堂。"郭老对晋祠的赞誉溢于笔端。

二、晋祠名胜

晋祠的每一处亭台楼阁都是如此之美，并且还流传着许多美丽的传说。就让我们共同领略一番晋祠的美景吧！

（一）晋祠大门

晋祠现在的大门是解放后建造的，它最早的门规模很小，立于南面，于唐叔虞祠成一直线，这也不难理解，因为晋祠开始就只是供奉唐叔虞的祠堂，因此其门必与叔虞祠一线。到了北宋时，圣母殿逐渐成为晋祠的主体建筑，因此就拆除了原来的小门，在今天的智伯渠南岸另建一门，取名惠远门，这是因为当时的晋祠叫做惠远祠。明万历年间此门毁于火灾，在重建的同时，又计划建造一座戏台（即今水镜台），因此将建在水镜台前面的门取名为景清门。景清门到解放时已经破烂不堪，解放后重建大门时，因景清门与水镜台、圣母殿等建筑不在一条直线上，故又北移十多米，这就是现在的晋祠大门。

晋祠大门并排有三个拱形大门，左右略小，长年关闭，游人走中间正门（庙会期间三门大开）。1959 年，陈毅到此游览，为其题写的"晋祠"贴金牌匾现仍悬挂在中间正门的上方。正门上铆有排列成行的黄色圆柱头门钉，纵六横八共铆四十八个门钉。祠门的两翼是高大红土围墙，门前两只歪头咧嘴微笑的石狮蹲卧两侧。整个大门高大壮观，气势非凡，给人一种森严幽古的感觉。

（二）水镜台

步入晋祠大门，迎面映入眼帘的是一座古戏台，这就是水镜台。水镜台前面上部是单檐卷顶棚，后面上部是重檐歇山顶，四面有明朗舒畅的走廊，造型雄壮，雕饰精巧。

水镜台迎晋祠大门高悬的"三晋名泉"

晋祠

的匾额，乃是杨廷翰所书，原在景清门上。水镜台正面挂有乾隆年间杨二酉手书的"水镜台"匾，"水镜"二字取自《前汉书·韩安国传》中的"清水名镜不可以形逃"之句，含忠奸是非，在清水明镜中一照，世人皆知之意。此匾与"难老""对越"共称为晋祠三大名匾。

水镜台是古代祭祀时使用的一个戏台，但当时还没有扩音器，如何使离戏台较远的人听到台上的唱腔和道白呢？这的确是个问题。不过，我们的祖先非常聪明，想到了一个理想的扩音办法，那就是在台前两侧各埋下四个大瓮，每两个扣在一起，形成四个"大音箱"，从而把声音传向较远的地方。据说，因为有了这大瓮音箱，观众不论站在庙里何处，都能听到台上的声音。大瓮扩音的原理，用现代物理学来解释，就是利用了声音共振以及声音沿固体的传播速度快于在空气中的传播速度的原理。京剧大师梅兰芳先生生前参观水镜台时，产生了一个想法，即在水镜台上唱一出京戏。令人遗憾的是梅大师这一意愿未能实现。

（三）金人台

在会仙桥和对越坊之间的是一座砖砌的短栏方形台，台的四隅各立有一铁铸武士像，这就是著名的金人台。铁铸武士与人等高，身穿盔甲，姿态威武。由于铁为五金之一，因此叫做金人台。台中间立有一座明代建造的琉璃瓦小阁，高约四米，形状新颖，小巧玲珑，色泽鲜艳，瑰丽壮观。

四个金人胸前分别有铭文和铸造年代。西南隅、西北隅和东南隅的三个金人分别是北宋绍圣四年（1097年）、绍圣五年（1098年）和元祐四年（1089年）铸造的，其中西北隅和东南隅的金人的头又是分别在明永乐二十一年（1423年）和民国15年（1926年）补铸的。东北隅金人是民国2年（1913年）年补铸的，初铸年代不详。其中，西南隅的金人不仅姿态威武，而且毫无锈蚀痕迹，可谓奇妙。关于铸造金人的原因，有好几种说法。有人说晋祠为晋水发源地，铸金人为防患镇水；有人说金人台是金兵占领太原后，为庆贺胜利的歌舞之台；

还有人说是为晋祠守护财库而铸。至今尚无定论。

关于这四个金人（铁人），民间还流传着一个传说：相传西南隅的铁人是外来户，其余三个都是本地户。这三个铁人情投意合，结成了兄弟。有一天，他们忽然觉得不应只待在庙里，保一方平安，而应该保天下的平安，再加上庙里的僧人比较刻薄，只给一点有限的供品，于是他们决定出走。在一个风雨交加的夜里，东北隅的铁人先逃走了，正当其余两个要走时，被庙里的僧人发现了，他们用戒尺打破了这两个铁人的头颅。逃走的铁人来到黄河边，见河中波涛汹涌，河面上只有一座草桥，他想过桥，但又怕压塌了草桥。正当他两难时，见到一位老人从桥上走来，便上前连忙问道："老人家，我想过河，不知道这草桥结不结实呀？"老人说："你又不是晋祠的铁人，还能把草桥压塌啊！"他一听到这个"铁"字，犯了忌讳，立刻僵立在黄河边不动了。

自从三个铁人逃走后，庙里的老僧怕西南隅的铁人再逃走，就专门派一个小和尚昼夜看守。一天夜里，阴云密布，小和尚看见这个铁人起步了，立刻报告给老僧，老僧抓住铁人，在他脚上连砍三刀，并用铁链锁住，叫他永世不能再逃。后来铁链脱落，金人脚上的砍痕却至今仍清晰可辨。

（四）对越坊

金人台之后便是对越坊。对越坊是明万历年间所立，"对越"二字取自《诗经·清庙》中的"对越在天"之句，"对"是报答，"越"是宣扬，合起来就是宣扬报答之意。对此，这里有一个美丽的传说：相传高应元是太原县东庄（今晋源区晋祠镇东庄村）的一名孝子。其母患偏头疼，多方求医，仍不见效。一天，高应元非常虔诚的去晋祠圣母殿焚香祈祷，祈求圣母保佑母亲病体安康，并许愿捐资修祠。说来也巧，自从高应元许愿后，其母的病情日渐好转，半年之后竟然痊愈了。高应元于是筹集资金，在献殿和金人台之间的空旷之地修建了牌坊还愿，并且亲自在牌坊上书写了"对越"二字，以此宣扬孝敬父母的美德。

高应元书写的"对越"二字，笔力苍劲，气势磅礴，因此与"难老""水镜台"并称为晋祠三大名匾。

这座对越坊，体型优美，结构壮丽，雕刻玲珑，造诣很高。原牌坊上彩绘有邑姜氏为虞命名、周成王剪桐封弟、智伯水灌晋阳、豫让石桥刺赵等，反映了一些有关晋祠的历史故事。目前的对越坊，已粉饰一新，上面彩绘八仙、杨戬、哪吒等等，光彩夺目，金碧辉煌。牌坊前台基上蹲坐铁狮一对，庄严肃穆，越发显得这座牌坊高大壮丽。

（五）钟鼓楼

钟楼和鼓楼分别在对越坊的两侧，犹如坊之两翼，更增添了对越坊的壮丽雄浑。钟鼓楼创建于明万历年间。钟楼在对越坊的左侧，下面是呈方形边长约7米的石砌基址，足有3米高，西面设有阶梯可上下；台基上为12根廊柱，柱间置木栅，楼顶为重檐十字歇山顶，覆盖着彩色琉璃瓦。楼内悬挂着一口高约2米，直径1米的万斤巨钟，钟上铸有"敕封广惠显灵昭济圣母庙钟成叙文"字样。造型雄伟，钟声洪亮，铸文工整清晰，是明代铸造技术的典型代表作。鼓楼在对越坊的右侧，鼓楼内摆放着一面大鼓，鼓身近两米，鼓面直径一米有余。古时，晋祠内每日晨钟暮鼓，提醒人们要警觉。

相传，钟楼中的巨钟是用我国的传统工艺——无模铸造法，即用地坑造型的泥形法铸造而成的。而关于巨钟的搬运、悬挂也有一个动人的传说：相传，巨钟铸成后，晋祠的老僧和铸钟师傅均为无法搬运巨钟而发愁。有一天晚上，寒风刺骨，一个名叫鱼目的老人来投宿。饭后闲谈时，老僧随口问道："您老经常外出，见多识广，有没有悬挂巨钟的好办法呢？"老人哈哈大笑着说："土都一点点埋到脖子了，能有什么好办法呀？"老僧和铸钟师傅只当是一句闲谈，没有在意。第二天早晨，只见老人门前泼水成冰，老人已不知去向。众人十分奇怪，都觉得老人十分不凡。铸钟师傅突然喊道："姓鱼名目，不正是'鲁'字吗，这老人一定是鲁班师傅。"老僧又想起昨晚老人说的话和门口的冰，认为鲁班师傅已经点化大家悬挂巨钟的办法了。于是让工匠用水泼成冰道，把钟拖到钟楼前，又取土在钟楼周围堆成小丘，众人用撬杠、滚木把大钟安放在钟架上，然后再把钟下的土挖掉。钟楼的巨钟就这样悬挂起来了。

（六） 献殿

献殿位于对越坊的西侧，是晋祠三大国宝建筑之一。献殿原为供奉祭祀圣母邑姜的享堂，故称献殿。献殿始建于金大定八年（1168），明万历二十三年（1594）重修，新中国成立后1955年依照原样再次翻修，基本保持了宋金时代粗犷朴实的建筑风格。献殿面宽三间，进深二间，顶为单檐歇山式。四周无壁，槛墙上置直棂栅栏，显得整个殿堂格外疏朗利落，从远处看，好像一座玲珑的凉亭。献殿最奇异之处是殿身上部的梁架结构，只在椽栿横架上施驼峰，托脚承平梁架，结构极为简朴、轻巧、坚固，给人以稳健舒适之感。

（七） 圣母殿

圣母殿始建于北宋天圣年间，崇宁元年（1102）重建。它位于晋祠景区中轴线上的最西端，前临鱼沼飞梁，后拥悬瓮山主峰，左傍善利泉，又临难老泉，是晋祠景区的主体建筑，气势磅礴，壮观雄伟。圣母殿内供奉着唐叔虞之母邑姜，是国内规模较大的一座宋代建筑。

圣母殿高19米，重檐歇山顶，面宽七间，进深六间，平面几成方形，殿身四周建有回廊。殿周围的26根廊柱都微微向内倾斜，使四隅的角柱明显增高，并形成较大弧度的前檐，这样不仅使大殿更加稳固，而且增添了大殿的美感。圣母殿建筑采用"减柱法"营造，殿内和前廊共减去16根柱子，以廊柱和檐柱承托屋架殿顶，使前廊和大殿内部十分宽敞。

圣母殿前廊柱上，雕有8条木质盘龙，是我国现存最古老的木质雕龙。居中两廊柱上的叫应龙，次两柱上的为蟠龙，

再次两柱上的为蛟龙，最边两柱上的无角者谓之螭龙。圣母殿的前廊上面悬挂着一块巨匾，上书"显灵昭济圣母"六个大字，这是宋代原物。除此之外，这里还悬挂着许多清代的匾额，如同治皇帝"惠洽桐封""惠普桐封"，光绪皇帝"惠流三晋"，慈禧太后"三晋遗封"，清代山西巡抚曾国荃"恩同万祀"等等。殿外围廊内有石碑二十一通，其中最著名的莫过于明代大书法家罗洪先所写的悬笔诗碑。大殿的前廊左右各有一尊泥塑的站殿将军，高4米余，身披盔甲，威武异常，相传这是周武王的卫士方弼、方相。殿的两侧悬挂着清乾隆年间杨廷璿写的一副对联："溉汾西千顷田，三分南七分北，浩浩同流，数十里滹之不浊；出瓮山一片石，冷于夏温于冬，浏浏有本，亿万年与世长清。"

进入大殿，映入眼帘的是端坐在神龛中的圣母像。她头戴凤冠，身着蟒袍，凝神严肃，仪表不凡。除此之外，殿内还摆放着42尊形态各异的宋代侍女塑像，个个传神，被誉为"晋祠三绝"之一。

（八）苗裔堂

由圣母殿北行，便看到一座面宽三间的悬山小殿，这就是苗裔堂。从晋祠总体布局看，苗裔堂位于圣母殿的左侧，堂前就是形似卧龙的晋祠三绝之一的周柏。苗裔堂的创建年代不详。

民间称苗裔堂为奶奶庙，或者子孙殿，是旧时民间百姓祈求生男育女的地方。堂内原有明代塑像22尊，现存19尊。西墙正面中间是七位娘娘，两旁各有男侍一人；南北两面各有十尊立像，是送子鬼神，其中有八名侍女，两名男侍。正面七位娘娘是苗裔堂主人，分别是催生娘娘、送生娘娘、乳母娘娘、子孙娘娘、引蒙娘娘、痘疹娘娘和斑疹娘娘。以前，娘娘们的神案上还摆放着许多泥娃娃，有男有女，有胖有瘦，有俊有丑，各不相同。迷信认为，谁家生男生女，均是由这几位娘娘主宰的，因此，那些想要孩子的妇女都到苗裔堂来上香许愿，请娘娘赐予子女。据说临走时怀揣一个理想的泥娃娃，回去之后自会灵验，但为了防止泥娃娃被抱光，规定抱走的泥娃娃都要送回来。

苗裔堂上悬挂的"赞化育"横匾是杨二酉所题，堂门两侧柱上有清道光年间赤桥刘午阳所撰楹联："圣泽流芳，椒衍瓜绵时锡瑞；神灵毓秀，凤毛麟角永呈祥。"

（九）朝阳洞

朝阳洞又名朝阳岩、灵官殿，从苗裔堂北面的朝阳石登上去就是了。这朝阳石实际上是一条人工开凿的石阶，共有 53 层，民间俗称"七十二圪台"。而 72 和 53 分别比喻道家的"七十二福地"和佛家的"五十三参，参参见佛"之意。

"朝阳"二字出自《诗经·大雅·卷阿》中的"凤凰鸣矣，于彼高岗；梧桐生矣，于彼朝阳"之句，比喻有才华的人大有施展才华的机会。而事实上也确实如此，朝阳洞正是旧时文人墨客们写诗赋词、施展才华的地方。而此地坐西面东，太阳升起时，这里首先得到阳光，这也是这里得名朝阳的另一原因。

朝阳洞原是一座高约 3 米，深约 7 米的天然洞窟，后经人工开凿，成为晋祠的一处胜景。洞前覆盖有飞阁，阁檐外有"别一洞天"的横匾，檐内有"朝阳洞"木雕。洞内后部中央有一尊灵官坐像，手执金鞭，仪表庄严。阁内前部过去还陈列有历代名人的画像和墨迹。

朝阳洞左邻云陶洞，右通老君洞，站于此处，仰望蓝天白云，俯视层层殿宇和簇簇古树，给人一种心胸开阔，欲醉欲仙的感觉，游人至此，莫不称绝，故有"欲界仙都"之称。唐朝宰相牛僧孺的儿子牛丛在襄王之乱时，曾避难于太原，此间到朝阳洞游历时写了一首名为《题朝阳岩》的诗，诗中写道："蹑石攀梦路不迷，晓天风好浪花低。洞名独占朝阳号，应有梧桐待凤栖。"这首诗形象地描写了朝阳洞的美景和朝阳洞是文人墨客写诗赋词、施展才华的地方。

（十）老君洞

从朝阳洞出来右行，穿过角门，就来到了老君洞。老君洞又名方丈洞，是一座依山凿刻的一明两暗三间石洞，

洞中冬暖夏凉，是冬日避寒、夏日消暑的好去处。洞前有一株老皂角树，洞内中间有一尊金身太上老君像，左右各有一名武士装束的侍卫。

相传老君洞最初是道士们炼丹、修行的场所，当年这里曾居住过一位老道士，当人们问起他的年龄时，他总是和颜悦色地说自己99岁了，今年问他，他说自己99岁，明年问他，他还说自己99岁，再过几年问他，他还是会如此回答。这是因为古人认为"人生不过百岁"，由于忌讳这个"百"字，所以他总说自己99岁，至于他的真实年龄，谁也不知道。这位道士长得与太上老君的画像十分相似，所以人们都说他是老君的化身，此洞也就因此而得名。老道士羽化（道士死称为羽化，和尚死称为圆寂）以后，至清咸丰、道光年间，老君洞里开始住进了被地方势力驱逐的佛家的主持和尚，所以老君洞又名方丈洞。至此，僧人就将老君洞门两侧悬挂的道家楹联："人来此处居然脱俗；我坐多时似乎成仙"换成了充满佛家韵味的楹联："卧室依云无好事；焚香洗钵渡余生。"

（十一） 云陶洞

云陶洞位于朝阳洞的北面，又名朝阳别一洞。此洞原是古代群众躲避战乱的地方。原洞很深，因年久失修，土石坍塌，现今只有十多米深。进洞不远，右面有一浅洞，里面筑有卧榻，乃是傅山先生当年隐居之处。

傅山（1606—1684），山西曲阳人，初字青竹，后改青主，别号有真山、乔山、松桥老人、朱衣老人、石道人等。他是明清之际著名的思想家、诗人、文学家、医学家、书画家，也是清初著名的反清人士，一生以反清复明为己任，与当时的顾炎武、阎尔梅等反清名士都是好友，相传他同顾炎武就曾经在云陶洞中策划反清复明。

在云陶洞的南壁上有一块突出的怪石，上面题有"云陶"二字，是傅山所题，云陶洞也因此而得名。"云陶"二字取自唐朝崔曙《九月登望仙台呈刘明府》中的"三晋云山皆北向，陶然共醉菊花杯"之句，意思是说与志同道合的朋友们，云集在洞中畅饮菊花酒。傅山也确实经常在洞中煮茶款待朋友，茶香与云霞缭绕，这也就是晋祠内八景"石洞茶烟"的来历。

　　傅山先生在此隐居时，经常写诗、作画、写对联。著名的七律《朝阳洞》、七绝《宿云陶》就是这时完成的。相传他画的猫可以吓走老鼠，他画的花可以吐露芬芳。但是傅山先生只是为穷苦大众作画，从来不给达官贵人作画，对此这里有一个传说：有一次，本县的县官登门求画，傅山先生迫于无奈，用二拇指蘸上淡水浓墨，在画绢上"嚓、嚓、嚓……"几下，画了几条金鱼，气得县官二话没说转身就走，当他们经过鱼沼飞梁时，县官令人拿到水里洗掉画绢上的墨迹。殊不知画绢刚浸在水里，几条金鱼便从绢上跃出，在水里游来游去非常好看，县官后悔不已。

（十二）开源洞

　　从云陶洞出来，穿过北面的月亮门，就来到了开源洞。这是一个高不足 2 米，深约 4 米的小洞，里面供奉着一尊财神像，因此也称为财神洞。希望自己发财的人们，总是会到这里拜上一拜，因此，这里至今香火仍然很旺。

（十三）待凤轩

　　待凤，顾名思义，就是等待凤凰。这里所指的凤凰是慈禧太后。

　　从开源洞出来后北行，就来到了待凤轩。这是一座坐北朝南，面宽三间的建筑。轩中悬挂的"待凤轩"横匾和两旁的楹联："桐叶自当年剪得；凤凰于何时飞来"都是书法大师杨二酉所作。

　　待凤轩始建于清康熙五十七年（1718），光绪二十六年（1900）曾修茸。相传，八国联军入侵北京时，慈禧太后和光绪皇帝仓皇出逃，途经热河，于八月十五到达太原。出逃途中风餐露宿，吃尽了苦头，慈禧完全没有了太后的样子，在到达太原时恰逢中秋，于是慈禧太后在向山西巡抚确认太

原没有义和团后，就想在太原过个中秋节。于是山西巡抚就将慈禧太后的住处安排在了晋祠。正当她和李莲英唠叨以前中秋节在北京圆明园赏月的事时，山西巡抚前来进献山西特产的提浆月饼。当慈禧太后津津有味地品尝月饼时，忽然发现馅中夹着一张红纸条，打开一看，上面写着："义和团，义和团，抓住鬼子剁成酱，刀劈赃官下黄泉。"慈禧太后顿时吓得一身冷汗，连忙传旨起驾，连夜南下了。现今的待凤轩是1981年新建的。

（十四）读书台

读书台是东庄高汝行于明嘉靖二十七年（1548）捐资兴建的，清乾隆五十年（1785）曾修葺。读书台面宽三间，正门前檐上悬挂着乾隆年间太原县知县吴重光书写的"读书台"匾额，台前柱上挂着傅山之子傅眉所写的楹联："小架几函云锦艳；空床三尺雪丝凉。"

读书台地处晋祠的最高处，其西山峦叠嶂；东面凭栏观望，近处是楼台殿阁，浓荫疏影，远眺晋阳一川尽收眼底。旧时文人墨客多喜在此谈古论今，吟诗作画，所留对联题咏甚多。戴王命《难老泉》诗"悬瓮山前别有天，滔滔活水几经年。古今多少兴亡事，天地同流难老泉"即吟于读书台。

（十五）唐叔虞祠

唐叔虞祠是晋祠景区中仅次于圣母殿的第二大建筑，坐落于北线名胜的中间位置，前临八角莲池，东依关帝庙，西依景宜园。

唐叔虞祠是一座独立的前后院庙宇建筑，祠门上悬挂着"唐叔虞"三字立匾。登上25层台阶，穿过高耸的山门，来到前院，迎面享殿面宽三间，进深二间，顶为卷棚歇山式，明间前后辟门，东西两侧靠墙有14名元代泥塑乐伎，手中各持笛、三弦、琵琶等乐器，呈演奏状。这几尊塑像是1963年用小平车从太原市区古关帝庙中拉回的，是研究元代杂剧和古代乐器的珍贵实物资料。前院

中国古代民间建筑

90

东西两面曲尺围廊中镶嵌着宋代吕惠卿《留题兴安王庙》、姜仲谦《谢雨文》、清代朱彝尊《游晋祠记》、杨二酉《晋祠两柏赋》、吴重光《晋祠杂咏》等40多块名人石刻。

店阮正面叔虞殿面宽五间，进深四间，顶为单檐歇山式，前廊有6根圆柱，外观为重檐式样。殿内神龛中有一尊身穿蟒袍、手持玉圭的叔虞坐像。两个侍童分立两旁，神龛下又有文武二侍臣对峙而立。神龛两旁红漆圆柱上盘绕着两条木雕蟠龙，殿内高悬清朝光绪皇帝御书"三晋遗封"和慈禧太后"勤俭训俗"两块匾额，殿外楹柱上有道光年太原县知县王炳麟撰书的楹联："悬瓮庆灵长，锡兹难老；分圭遗后泽，惠我无疆。"

大殿前廊东西两面各竖《重修汾东王庙记》和《重修唐叔虞祠记》两块石碑。后院东西两面各有面宽三间的廊房。东面廊房中陈列着一尊老大石佛头，被日本帝国主义侵略者盗走的天龙山文物，朝鲜人民在抗美战争中发现并送还中国。

唐叔虞是西周晋国的开国诸侯，晋祠本是祭祀唐叔虞的祠堂，远在北魏时期成书的《水经注》中就有"沼西际山枕水有唐叔虞祠"的记载，后经北宋、元、明、清历朝历代的改建、重建，晋祠逐渐成为融合道教、佛教的综合性祠堂建筑群，圣母殿逐渐成为晋祠的主体建筑，而唐叔虞祠却被冷落了。现在我们看到的晋祠是清乾隆三十六年（1771年）修缮、扩建的。

（十六）昊天神祠（关帝庙、三清洞）

昊天神祠坐北朝南，是晋祠中最大的道教庙观。因玉皇大帝全称是"昊天金阙至尊玉皇大帝"，因此称为"昊天神祠"。昊天神祠是在关帝庙旧址上扩建的，因此民间一直称这里为关帝庙。

昊天神祠为前后两进院落，前院中殿面宽三间，进深二间，顶为悬山式，殿前明间开隔扇门，前廊檐上高悬清咸丰年江苏韩宝绥撰书"如天之平"横匾。殿中塑关帝坐像，丹凤眼，卧蚕眉，红脸长髯，身着绿袍玉带。两壁及后墙上绘桃园结义、水淹七军等80余

幅关帝故事图，传为明代作品。关帝庙大殿后墙上有清道光年地方画师杨容所绘天龙山名胜古迹图，仿宋人山水画法，将天龙山全景描绘在长9米，宽2米的墙壁上，显得特别宏大逼真，引人入胜，遗憾的是如今已模糊不清。前院中殿廊前，各有面宽三间的东、西配殿，院中还有一株高18米的隋代老槐树，盘根错节，极富古趣。

后院主殿为二层建筑，东西两旁各有配殿三间。中间主殿下层为三穴石洞，名三清洞；洞顶上部有砖砌仿木构斗拱出檐，明间额上嵌有清乾隆年晋祠镇杨培所撰"先天祖炁"砖刻横匾。洞中原有三清像为明代所塑，是从景宜园三清殿旧址搬来，后毁于"文革"中。现在的三清像，乃20世纪80年代所塑。上层玉皇阁建在三清洞顶，面宽三间，单檐歇山顶，殿脊有琉璃瓦覆饰，飞阁前面及左右有廊可绕。玉皇阁原有玉皇大帝塑像及"玉皇阁"匾额，今均已不见。

（十七）东岳祠

东岳祠又名泰山庙，是祭祀东岳大帝黄飞虎的庙宇。东岳祠创建年代不详，明清两代都曾重修。

东岳祠正殿面宽三间，进深两间，单檐悬山顶，明间檐下悬挂"治理明幽"横匾。祠门为二柱一门牌坊式样，小巧玲珑，两面各有低矮的砖砌花墙与正殿相接，形成一个独立的小院落。院东北有一株高大的古槐，干老无枝，号称"汉槐"。西南角有一株17米高的古柏，直径2米，干如苍龙，雄健有力，名"长龄柏"，相传为周代所植。院中央有一方形单檐歇山顶小建筑，四周无墙，四隅有用砖围砌成软心墙的角柱四根，很像一座造型别致的凉亭，有关晋祠的所有书籍、文章都云此乃东岳大帝享亭或亭殿。

（十八）钧天乐台

钧天乐台是昊天神祠前的戏台，是乾隆年间扩建关帝庙时建造的。"钧天"二字出自《列子·周穆王》中的"钧天广乐，帝之所居"句，"钧天乐"意为天上的仙乐。

晋祠共有两座戏台，一是水镜台，二是钧天乐台。两座戏台是在不同时期修建的，建筑风格截然不同。水镜台前台是单檐卷棚顶，后台为重檐歇山顶，分别各有一套梁柱，是一座组合式的建筑。而钧天乐台却是单檐歇山顶勾连卷棚顶，前后台连为一体的整体建筑，另在东、西、南三面筑低花墙做栏杆用。水镜台前台立柱上用梁枋连接承重，外加雕镂龙凤狮虎的花板，虽然金碧辉煌，但给人一种繁复臃肿之感；而钧天乐台却是采用精巧斗拱承接梁架，显得既舒畅清爽，又玲珑秀丽。有人比喻说："水镜台像一位雍容华贵的妇人，而钧天乐台像一位小家碧玉。"

（十九）文昌宫与七贤祠

文昌宫坐落于晋祠景区北部东端的智伯渠北岸，是一座传统结构的清代庙堂式建筑，清乾隆三十八年（1773）扩建而成。

文昌宫的宫门为一门两扇式，十分高大雄伟。宫内筑洞三穴，为七贤祠，上层架飞阁三间，为文昌阁，中为文昌帝，左魁星，右禄神。文昌宫院内东西两面各有厢房三间，院内古木参天，优雅怡人。

据《明史·礼志》和《三教源流搜神大全》记载：文昌，又名"文曲星"，是中国神话中主宰功名、禄位的神，旧时多为读书人所崇祀。

七贤祠内的七贤是：周代的豫让，唐代的李白和白居易，宋代的范仲淹和欧阳修，明代的于谦和王琼。这七位古代名人，有的出生在此地，有的曾在此地居停，都是名臣义士或诗人学者，都与晋祠有一定的关系。故杨二西在《晋水七贤词碑记》上写道："之七贤者，虽生不同时，居不同地，而大节鸿文丰功伟烈，赫然在人耳目之前，足为晋水光也。"

（二十）公输子祠

公输子祠俗称鲁班庙，是石、木、泥瓦等各类工匠为奉祀他们的祖师爷鲁班而自愿出资

兴建的。公输子祠创建年代不详，神龛是清雍正八年（1730）增建的，清乾隆二十五年（1760）曾重修。

公输子祠正殿三间，坐西朝东，殿的前檐上悬挂着"巧思入神"的匾额。整个祠堂古朴大方，恰似一户农家小院。

公输子，复姓公输，名般，子是古代对男子的尊称。他是春秋时期鲁国人，般与班同音，故称鲁班。他是名扬古今的能工巧匠，也是春秋时期伟大的科学家和建筑学家。后世尊他为木匠、泥匠、石匠的祖师爷。据《墨子》记载，鲁班曾为楚国制造木鸢，可以飞行，以此窥察宋国城池。相传木匠、泥匠、石匠们用的工具都是鲁班发明的。

（二十一）三圣祠

三圣祠的殿宇坐南朝北，面宽三间，建在一个一米多高的平台上，庭院约有 100 多平方米，宽敞利落。

三圣祠创建之初供奉着药王、仓公和扁鹊三位古代医药专家。到了乾隆二年（1737 年），有人提出，药王就是扁鹊，因此在改建时就将扁鹊换成了龙王，所以，现在的布局是中间是药王，左为仓公，右为龙王。因为仓公也称为仓王，因此三圣祠也称为三王祠。其实药王并不是专指某个人，唐朝以前人们将雷公、岐伯、仓公、张仲景、华佗、王叔和、黄埔谧、葛洪和陶宏景都被当做药王来奉祀，因此药王实际是对名医的尊称。

至于为何将龙王作为三圣之一，也有典故。相传龙王是居于水中，负责行云布雨的主神，而晋祠正是因水（晋水）而生，因此也就将龙王作为三圣之一加以奉祀了。

（二十二）胜瀛楼与无字碑

胜瀛楼是一座二层楼阁式建筑，总高 17 米，重檐歇山顶，上层东檐上悬挂着"胜瀛"匾额。"胜瀛"之名是根据《史记·秦始皇本纪》中"海中有三神

中国古代民间建筑

山，名曰蓬莱、方丈、瀛洲，皆仙人居所"记载发展而来的，是把胜瀛楼比作仙境。

当年兴建胜瀛楼时，有这样一个传说：原来的地基，是在今胜瀛楼东三米之处，脚手架已搭好，一天夜里，忽然一阵大风，把整个脚手架往后移了三米，时人认为这是瀛洲山的仙人前来更改地基，于是才把胜瀛楼的地基定在现在的这个地方。"夏至"这一天，胜瀛楼竣工，恰巧与阳光直射北回归线的时机吻合，使胜瀛楼的四面都能照上太阳，获有"胜瀛四照"的说法。因此，有人把胜瀛楼比作仙阁，"胜瀛四照"便成为晋祠内八景之一。

胜瀛楼北面台基上竖有一块高约两米的大石碑，石碑上没有文字，因此得名无字碑。宋初，赵匡胤、赵光义三下河东征伐晋阳，终于在太平兴国四年（979）将晋阳攻破。赵光义将晋阳火焚水灌，夷为平地。晋阳城毁后，人民流离失所，对宋朝十分痛恨，经常有人对赵光义在晋祠中竖立的、对宋朝歌功颂德的《新修晋祠碑铭并序》碑暗中敲剥。年长日久，最后竟一字不留，成为无字碑。

（二十三）奉圣寺

奉圣寺，全名为十方奉圣禅寺，位于舍利生生塔旁，建于唐高祖武德五年（622），原是唐朝开国功臣尉迟敬德的别墅。这位累建战功的鄂国公，晚年感到自己的一生杀生太多，便将这座别墅献给佛门，以示忏悔。这本是一座学术价值极高的初唐建筑，但却在解放初被毁，现在的奉圣寺是在20世纪80年代新建的。

现在的奉圣寺为两进院落，山门面宽三间，进深二间，单檐歇山顶，大门正中悬西河秦龙光民国五年（1916）题"景清门"大横匾，门柱挂杨二酉撰书"山环水绕无双地；神乐人欢第一区"楹联，大门内外左右新塑仿唐四大天神像。第一院正中为弥勒殿，是从汾阳迁来的道教二郎庙中殿，面宽三间，进深二间，单檐悬山顶，殿内新塑大肚弥勒佛像。东西两侧各有新建碑廊五间，陈列着大小不等

100余块唐代武周华严石经，这些稀世石刻珍品原在太原县风洞之中。奉圣寺前院山门内南侧，移有唐代枯松树一株，相传尉迟恭常将铠甲挂于树上，故将此树称为"挂甲松"。后院大雄宝殿即原东山马庄芳林寺大殿，面宽五间，进深三间，单檐歇山顶，上覆琉璃瓦，殿中有九尊新塑仿唐佛像，后院左右各有新建配殿五间，里面有十八罗汉朝观音，十殿阎君拜地藏王菩萨等像。

（二十四）舍利生生塔

舍利生生塔位于奉圣寺北浮屠院中，是一座高38米，八角七级琉璃瓦顶的砖塔。舍利生生塔创建于隋朝开元年间，宋仁宗宝元二年（1040）重建，清乾隆十三年（1748）在晋祠南堡杨廷璿的提倡下重建。

舍利生生塔每层配镶琉璃檐饰，角檐上都有风铃，微风吹来，叮当作响，清脆悦耳。塔顶八条琉璃龙饰在阳光照耀下，闪闪发光，煞是好看。塔每层四面均有低门，绕以短栏，可供凭倚。除第一层正面有杨二酉"雅明动化"横匾外，其余各层门额均有砖刻题字。

从塔内蹬道盘旋而上，可至塔顶，凭栏远眺，汾晋山川、田野、自然风光尽入眼帘。每当夕阳下山，霞光万道，分外瑰丽，于是"宝塔披霞"成为晋祠内八景之一。

三、晋祠山水

《晋祠志》云："三晋之胜，以晋阳为最，而晋阳之胜，全在晋祠。"晋祠山水秀丽，风光明媚，是山西的名片型风景名胜区。悬瓮山上郁郁葱葱，晋水从山下缓缓流过，晋祠就坐落在这山水之间，祠因山水而生，山水借祠而灵。

（一）悬瓮山与望川亭

悬瓮山，又名天目山，也叫龙山，是吕梁山脉边沿的名山之一。悬瓮山主峰为极乐峰，北临卧虎山，南绕鸡笼山，天龙山在其西，晋水出其东。

"悬瓮"之名最早出自于《山海经》中的"悬瓮之山，其上多玉，其下多铜，其兽多闾麋"句。明嘉靖年间的《太原县志》中说："山腹有巨石，如瓮形，因以为名。宋仁宗时地震，巨石摧圯，今无复瓮形矣。"《晋祠志》中也提到："又晋祠北龙山头入明仙峪，迁曲数里而跻，其石高悬山腹，磊磊落落，浑然天成，无小大皆象古瓮形。"

古望川亭始建于北齐天保年间，明嘉靖年间重修，清康熙年间再次重修，乾隆末年塌毁，当地人称之为"大亭台"。顺水母楼后的小道攀上悬瓮山，大约走三百多步后，就到了欢喜岭，这里有一块小平地，只有一些瓦砾地基散落在杂草间，这就是古望川亭遗址。由此往北不远处有一座红柱黄瓦、雕梁画栋的小凉亭，这是 1960 年新建的望川亭。

从望川亭旧址再往上攀三四百步，又有一片缓坡平地，也有瓦砾砖石，这就是北齐名相杨愔曾经读书的古读书台遗址，史载杨愔"性既恬默，又好山水，遂入晋阳西悬瓮山读书"。从读书台遗址再往上攀登数百步，就到了悬瓮山前部主峰极乐峰，所谓晋祠外八景之一的"悬瓮晴岚"就是指这里。赵谦

德有诗云："瓮山之青青到天，云磨雨洒长年年。幽人朝暮看山色，独坐翠微兴靡然。"将悬瓮山顶峰的美景描写得栩栩如生。从极乐峰西边下行百余步，沿山岭西北行3里许，就到了"悬瓮石洞"。此洞又名"柳跖洞"，俗称"瓦岗寨"。据民间相传，春秋时山东柳下跖聚众起义转战山西，初居此洞。后因党众益多，容放不下，才移至椰子峪天龙山一带。如今天龙山尚遗柳下跖练兵插旗的"插旗石"，已成为"天龙山八景"之一。

(二) 难老泉及亭

"悬瓮之山，晋水出焉"。晋祠水的出处有三，首屈一指的就是难老泉。

难老泉是晋水的主要源头，俗称南海眼，位于水母楼前，乃"晋阳第一泉"，同苍枝屈虬的古柏和美轮美奂的宋塑侍女像同称为"晋祠三绝"。

难老泉是从何时而形成的，至今未知，但在我国最早的地理书籍《山海经》中已有这样的记载："悬瓮之山，晋水出焉。""难老"出自《诗经·鲁颂》中的"永锡难老"之句。

"北齐显祖文宣帝临幸晋祠，雅爱清泉，赐钱造亭于泉源之上。"由于年久失修，此亭最终被毁，现存的难老泉亭是明嘉靖年间重建的。难老泉亭高约7米，亭下有一圆井形的出水口，大约有六丈多深，圆周长有五丈。亭内有很多匾额，明末清初傅山先生所题的"难老"立匾，同"对越""水镜台"并称为"晋祠三大名匾"。另外清乾隆年间晋祠镇儿科大夫杨一阳所题写的"奕世长清"和清康熙年间刘汇所题的"晋阳第一泉"大字立匾，也都是传世的佳作。历代文人墨客还题有楹联六幅，分别是清代道光年间宁鹏年所题："昼夜不舍，天地同流"；民国初年太原县知县秘书林素园所题："无量源渊无量泽，第一山林第一泉"；清末贡生晋祠南堡人宁悖德撰书的"自古山经曾继美，于今水注商留芳"和"出海眼无冬无夏，泛波心有温有凉"二联；清同治时太原县知县王钟麟撰书："悬山玩翠，袖海观珠。"另外还有一幅佚名的楹联"泉出乎地，地久泉俱久；水生于天，天长水也长。"

难老泉水从清潭西壁半腰间汉白玉龙口中喷涌而出，泻入下面潭中，看似白练飞展，听如琴筝合鸣，泉水晶莹透彻，此即晋祠内八景之"难老泉声"。唐代著名诗人李白携歌伎，载歌泛舟晋水之上时，就留下了"时时出向城西曲，晋祠流水如碧玉。浮舟弄水箫鼓鸣，微波龙鳞莎草绿。兴来携妓恣经过，其若杨花似雪何。红妆欲醉宜斜日，百尺清潭写翠娥"的千古名句。

难老泉水量充沛，水温常年在十七八度左右，"冷于夏，温于冬"。故有人题诗云："涓涓难老泉，分流晋祠侧，中有长生萍，冬夏常一色。"晋水很早就被人们开凿利用，《山海经·北山经》就有："千家灌禾稻，满目江乡田……皆如晋祠下，生民无旱年"的记载。元代的嘉议大夫金河东山西道参政廉访使契玉立，于至正五年（1345）撰写的游晋祠诗序："山之麓，有泉出焉，涌跃腾沸，光莹澄彻而不浊也。周游匝布，溉田千顷而不竭焉。民蒙其利，崇德报功。"《秋游晋祠》亦云："并人昔游晋水上，清澈照耀涵朱颜。晋水今入并州里，稻花漠漠浇平田。"

平晋尉陈知白为了广兴水利，于嘉祐五年把晋水在原有的基础上分为四股，以利灌溉。杨二酉所说的晋祠外八景之一的"四水青畴"，就是指这四股水而言。它们是：海清北河、鸿雁南河、鸳鸯中河、陆堡河。《读史方舆纪要》中记载：宋熙宁八年，太原人史守一修晋祠水利，溉田六百有余顷。约合今天的六万余亩。

"晋水四河"解放后可灌溉约三万余亩田地，并带动水磨数十盘。

建国后，由于人工开采量加大，晋泉水量急剧下降，尽管国家和当地政府采取各种办法加以补救，但为时已晚。20 世纪 70 年代，晋水三大源头之一的善利泉干涸，1994 年 4 月中旬，久病不愈的鱼沼和难老泉也先后断流了。1996年市政府花了 200 万元，作为应急，建了个"小循环"，把汾河的水引入难老泉，以供观赏。2003 年为了迎接太原市建城 2 500 年，政府又投资1 200 多万元，建了个大的循环引水工程，叫做"大循环"。

叫人稍有安慰的是有资料说"晋泉水在天然状态上，其流量是比较稳

定的，但有时也会减少"。刘大鹏所著《晋水志》中曾记载过三次水量减少：明崇祯二十二年（1650年）善利泉枯竭连续十年；清雍正元年（1723年）鱼沼泉"衰则停而不动，水浅不能自流，水田成旱"；民国十七年至十八年（1928—1929年）圣母泉（即鱼沼泉）曾结冰。以后也出现过类似的情况。因此可以推测，晋泉是遵循一定规律性进行周期变化的泉。周期大约为70—100年。

但愿难老、鱼沼和善利三泉真的是遵循一定规律变化的泉。也许若干年后，晋泉能起死回生，出现"凤凰涅槃"的奇迹。

（三）不系舟

由难老泉顺流而下是流碧亭，再而下便是小型石舫，上置单檐卷棚顶凉亭，四周设汉白玉低栏，是民国十九年（1930年）所建。小石舫名为"不系舟"，出自《庄子·列御寇》中的"饱食而邀游，泛若不系之舟"句。

游人登舟四眺，但见远处婆娑古树之间金碧辉煌的亭台楼阁，与红墙碧瓦相互辉映，美轮美奂。游人至此，仿佛置身于江南园林，流连忘返。

（四）鱼沼飞梁

晋水的第二泉源是鱼沼，鱼沼位居圣母殿和献殿之间，深3米有余，水量仅次于难老泉，其绝大部分水量汇入智伯渠。

根据古人对池和沼"圆形者为池，方形者为沼"的区别：鱼沼呈方形且多鱼，故名鱼沼。鱼沼上"结飞梁于水上"，于是叫做鱼沼飞梁。鱼沼飞梁的创建年代很难确证，但北魏郦道元的《水经注》中记有："枕山际水有唐叔虞祠，水侧有凉堂，结飞梁于水上。"可见，鱼沼飞梁在北魏或北魏之前就存在了，距今已有至少1500年的历史。

飞梁俗称"板桥"，呈十字形坐于鱼沼之上，高出地面1米有余，为石木建筑。整个桥面由34根八角石柱支撑，石柱上有斗拱和梁枋承托桥面。桥面东西长 19.6 米，宽 5 米，两端平面分别连接圣母殿和献殿；南北长 19.5 米，宽 3.3 米，两端呈坡形下斜。桥面铺有路砖，桥上设有汉白玉栏杆，好像两座桥十字交叉在一起。鱼沼飞梁是"三大国宝建筑"之一，是国内仅有的孤例建筑。近代建筑家梁思成曾赞叹："此式石柱桥，在古画中偶见，实物仅此一例，洵属可贵。"

民间有关鱼沼飞梁的传说有很多，其中有一种说法是鱼沼飞梁是鲁班建造的。鲁班的妹妹心灵手巧，裁剪缝纫，织布刺绣，无所不精，可就是争强好胜，看见哥哥被世人尊为木匠、泥匠的祖师，心中不服，决心要和哥哥比试一下。一天，鲁妹和鲁班打赌，选一个晚上，哥哥造一座十字桥，妹妹做一双绣花鞋，次日鸡叫时见输赢。鲁妹飞针走线，鞋帮鞋底都已做好，却见鲁班不慌不忙，比比划划，在地上用泥和小木棒雕制十字桥的模型。鲁妹心想："哥哥这回输定了。"得意地哼起了小曲。忽听得雄鸡高鸣，鲁妹的鞋还没有绱好，却见鲁班将十字桥模型拿起来往空中一扔，不偏不倚，一座十字桥正好落在了晋祠圣母殿前的鱼沼之上，这便成了鱼沼飞梁。

（五）善利泉

善利泉是晋水的第三个泉源。在莲池西边有一长方形四角亭，这亭面临莲池，名松水亭。亭的左右柱各挂木联一副，联句是："晋水源流分水曲；荷花世界稻花香"。亭的西北就是善利泉。善利泉俗称北海眼，砖石为圆形，状如巨井，泉上有亭，亭内悬立匾一方，题曰"善利"。老子说："上善若水，水善利万物而不争。"这就是取名"善利"的出处。善利泉泉水虽然微小，但水位却高于他泉。

（六）水母楼

水母楼就是晋源神祠，俗称梳妆楼，别号水晶宫。水母楼坐西朝东，北邻公输子祠，东对难老泉亭。明嘉靖四十二年（1563）创建，清道光二十四年（1844）重修。

水母楼为重檐歇山顶双重楼阁式建筑，四周有围廊。下层有三洞，一明两暗，中洞悬挂清同治十三年（1874）御书"功资乐利"横匾，四周走廊壁上嵌有历代题咏石刻，洞中塑有一尊水母铜像。

水母楼二层为木构建筑，面宽三间，进深二间，楼前檐高悬杨二酉"悬山响玉"横匾。楼内中央神龛塑有敷化水母坐像一尊，瓮形神座，正在梳头发的水母神态安详地端坐其上。两旁分立8尊风格别致的侍女像。这一组明代塑像，前为美女状，后为游鱼形，称为"鱼美人"，是难得的艺术佳品。楼中南北两面绘有"水母朝观音"壁画，用笔潇洒，生动感人。

令人称奇的是水母楼内供奉的水母，不是凤冠霞帔的"敕封诰命"某位名声显赫的贵族女姓，而是一位传说里的农妇。

传说水母姓柳，名春英。晋祠北金胜村人，柳春英生性善良贤慧，勤劳俭朴。婆家在古唐村，因当地缺水，春英每天要翻山越岭到很远的地方去挑水，往返一次要好几个时辰，不论寒暑冬夏，下雨落雪。有一天早晨，她挑水走到半路，碰到一位汗津津的骑马老人，向她讨水饮马，尽管春英挑水艰难，仍爽快地答应了老人的要求。第二天早晨，老人还是讨水，喝完了水，老人对她说："我是白衣大仙，久闻大嫂贤慧善良，今日相遇，果然名不虚传，我送你一件礼物。"说着拿出一条金丝马鞭，对她说："把这马鞭放在水瓮里，用水时，只要把鞭子轻轻一提，水即满瓮。但千万不要把鞭子提出瓮外，切记切记。"这条马鞭确实神奇，从此春英免去了跋涉担水之苦。那天春英回娘家后，她那刁婆婆和恶小姑到厨房把马鞭从瓮里提出来要将其毁坏，谁知马鞭从水瓮中提出来后，忽地一声巨响水从瓮中奔泻而出，转眼间，大水流遍了整个古唐村。正在梳妆的柳春英急忙骑着快马赶了回来，一下子坐到瓮上，洪水成就了生生不息的难老泉，而柳春英再也没有离开过水瓮。这位传说中的农妇，就是今天端坐在瓮上的水母。

（七）台骀庙

台骀庙在圣母殿南，坐西向东，面宽三间，前有月台。其建筑形式与苗裔堂相同，同为圣母殿左右配殿。此庙由东庄（晋祠东南5里）高汝行独资修建，始建于明嘉靖十二年（1533），清雍正、乾隆、嘉庆、道光年间曾由东庄高家子孙出资修葺，1956年由人民政府投资修建。殿内中央有台骀像，木雕金饰，系明代遗物。

台骀是晋祠的另一位水仙。此人虽不及圣母、水母名声显赫，但在历史上也有记载。据春秋时期的郑大夫子产说，古代时候的金天氏，有一个裔子叫昧，担任着元冥师（治水之官）。那时晋阳一带是"三山、六水、一分田"，水患频仍，民众深受其害，治水的任务相当艰巨。昧生了两个儿子，长名允格，次名台骀。而台骀能够接受父亲昧的经验教训，治水更有高招，所以在颛顼执政的时候（约在公元前2500年）就授命台骀子承父业，也担任了治水的高官。台骀在治理和疏通太原境内的汾河和晋南闻喜境内的洮河成效卓著，根除了洪水灾祸，晋阳民众受益匪浅。郑子产说台骀："宣汾、洮，障大泽。"就是记述的这段故事。颛顼对台骀特别嘉奖，就把他封在晋川，兼长政事。台骀去世后，人民追念他的功绩，便尊奉台骀为汾水之神。

（八）智伯渠

难老、鱼沼、善利三泉之水，大都汇入智伯渠。可以说智伯渠是晋水主干渠，是晋水的大动脉。水声潺潺，清澈见底，尽显晋水风采。晋水共有四河，分别是海清北河、鸿雁南河、鸳鸯中河、陆堡河，其中海清北河就是智伯渠，是晋水四渠中历史最久、灌溉田亩最多的。

为什么叫智伯渠呢？智伯名瑶，伯是他的爵号。春秋末期（公元前454年）晋国的四家卿大夫中，智伯最强，他想吞并其余赵襄子、魏桓子和韩康子三家取代晋室。赵襄子拒绝了智伯的无理要求后，智伯便邀请韩、魏两家共同攻打赵襄子。赵襄子在战争爆发前夕，固守晋阳（今太原市南郊古城营村一带）。智伯久攻不下，急于灭赵的智伯，发现晋阳城正处汾、晋二水间，且地势低下，遂筑堤决晋水围灌晋阳城，开创了中国历史上以洪水为武器攻打敌方的先例。这就是

历史上有名的"智伯决水灌晋阳"。

智伯请韩康子和魏桓子一起察看水势，得意忘形地对韩、魏二人说："今天我才知道水能灭国，你们瞧，晋水能够淹晋阳，那么汾水就可以淹安邑，绛水也能淹平阳（二者为魏国、赵国的都城）。"韩、魏听后，不觉变了脸色，他们也怕自己的都城遭到水攻。当晚，智伯被韩、魏联军击败。智伯的部将智国、豫让赶来，救智伯乘小船向秦国逃去。然而赵襄子伏兵生擒智伯于龙山脚下，杀了智伯并将其满门抄斩。这是周定王十六年（公元前 453 年）的事。后人将这条旧道加以修浚，用为灌田的水渠，因此叫做智伯渠。

（九）会仙桥

会仙桥横跨在智伯渠上，是通往圣母殿的要道。原先这里有一座似山水画上的板桥，火焚后改建为石桥。会仙桥长约 6 米，宽约 3 米，中间高凸如弓形，东西各有石阶数级，南北临水制有石栏杆。

据说，此桥是明朝翰林院修撰（官名，第一名进士）罗洪先与仙女相会之处，因名会仙桥。相传，有一天，罗洪先来到这里，见桥那边有一手携竹篮的农妇，鬓发如云，清丽动人。罗洪先情不自禁地顺口吟道："世间人说西施美，余视此妇胜西施！"哪知这位农妇听后很恼火，对罗洪先反唇相讥，嘲讽他罢了官还敢调戏妇女，真乃胆大包天。一怒之下，这个农妇把板桥烧了，不让罗洪先过桥。罗洪先这才恍然醒悟农妇并非凡人。当他绕道来到悬瓮山脚下，看见山腰间有一妇女正在往上爬，衣着、形象，都像方才遇到的那位农妇，因而他自言自语地说："你若真是仙女，再让我看一眼。"说毕，山就移动了。据老年人讲，悬瓮山脚下这条大道并排走五辆大车，自山移后只能开行两辆。传说当时罗洪先看了一眼之后，那农妇立即匿迹消失。这火焚、山移，撩动了罗洪先的思绪，引起了他的感叹，因而悬笔题诗："悬瓮山中一脉清，龙蟠虎伏隐真明，水飘火劫山移步，五十年来帝母临。"这首火劫、山移步的诗，刻在一块光明如镜的石碑上。碑高 1.46 米，宽 0.72 米，诗末署"戊午秋月，罗洪先悬笔"。最后并刻有"宛城郜焕元摹勒上石"九个字。自此以后，罗洪先开始学佛学道。

中国古代民间建筑

相传，晚年的罗洪先对佛教、道教已有很深的造诣。游人可在圣母殿右侧走廊内找到罗洪先这块恳笔题诗碑，字为草体，《晋祠志》称赞这首诗的字是："体势悠扬，宛如骤雨飘风，落花飞雪，锐不可当。"真是龙飞凤舞，堪称神品。游人至此，都会购买一幅诗迹拓片留作纪念。

（十）八角莲池

八角莲池位于唐叔虞祠前面，因是八角形，故称为八角莲池。莲池面积约半亩，周围设八角形砖栏。

莲花又称芙蓉，其藕既可食用，也可药用；其花亭亭玉立，清香四溢，历来被文人墨客们喻作洁身自好的正人君子，因此自古人们就喜好莲花，莲池也就得以到处建造。

盛夏之际，八角莲池内朵朵莲花，笑靥迎人，莲叶茂密，与青萍相接，遮盖池面，景致甚佳。真是清波翠汲，一片浓绿。每逢月夜，漫步于莲池边，但见倒映在池里的月亮好似白玉盘，又像瑶台明镜，与满天星斗融成一体，相映成趣。凉风习习，微波轻皱，若细语人声，使人感到不知是自己置身于天上，还是银河落入了人间。这就是晋祠内八景之一的"莲池映月"。

晋

祠

四、艺苑书画

晋祠的另一重要看点就是晋祠中所保有的历代书画，他们都代表了当时文学艺术发展的顶峰，是三晋文化的浓缩，也是我国文化宝库的一朵奇葩。

（一）圣母殿彩塑

晋祠圣母殿内共有 43 尊大小彩塑，除有两尊小像系明代补塑外，其余均系宋代原作，塑造于北宋元祐二年，即公元 1087 年。这组宋代彩塑极为珍贵，

在我国美术史上占有重要位置，同"难老泉""齐年古柏"共称为"晋祠三绝"。

圣母邑姜盘膝端坐神龛正中，头戴凤冠，身穿蟒袍，神情肃穆。她是周朝开国功臣姜子牙之女，周武王之妻，周成王和唐叔虞的母亲，这尊塑像充分显示出她贵为帝后的尊严和奢华。其余 42 尊塑像分站圣母殿四周，她们是从民间选进皇宫的官娥。

圣母殿彩塑的尺寸同真人相仿，除圣母像外，其中女宦官 5 尊，着男服的女官 4 尊，侍女像 33 尊。仔细端详，我们会发现这些侍女们的服饰、发型以及手中所持器物各不相同。这些侍女有的奉梳妆洒扫，有的侍饮宴起居，有的献歌舞音乐，有的承文印翰墨，分工明确。她们眉目传情，欲语欲动，表现了把青春埋葬于深宫中的神态各异的宫女形象，突出刻画了人物内心深处的不同情感，具有深沉感人的魅力。彩塑艺术大师赋予了每一尊塑像以不同的形体动作、外貌特征、面部表情和内心世界，将其身世、年龄、气质、性格、职务、地位、秉性、阅历的差异表现得淋漓尽致，惟妙惟肖。

最引人注目的，是一尊含着苦笑、美目传情的舞女塑像，握绢的双手似在竭力压抑内心的哀伤，但见她低眉俯首，整个身姿形成一条极美的曲线，由于不满摧残青春的宫廷生活，她强作欢笑的脸，分明含悲欲哭，令观者酸楚痛切。

另一尊侍女塑像，似乎是殿内侍女中年龄最小的一个，刚进宫不久，睁着一双大眼睛左顾右盼，感到什么都新奇，一种天真无邪淳朴的美的韵律在她身上闪耀，窈窕的身材显得活泼可爱，造型十分完美。她手中拿着擦巾，显得很不善于工作，不知所措的样子，更引人疼爱。

这是一尊饱经风霜、受尽宫廷生活磨难的老宫女的塑像。她目光漠然，嘴角微微下撇，双手小心翼翼地拿着器物，体态已经有些臃肿，在喧喧嚷嚷富丽堂皇的宫廷中生活，却沉浸在自己一生不幸遭遇的回顾中，已经流失的青春年华，与随之而至的衰老苦楚。深刻反映出宫女无可奈何、逆来顺受的心理状态。

圣母殿中的侍女像，身材修长，容貌端庄，形象生动，具有浓郁的生活气息和人情味。望着这些终生为帝后服役，被关禁在深宫中的侍女形象，不由令人想起唐代诗人白居易笔下的上阳白发宫人："玄宗未岁被选入，入时十六今六十，同时选择百余人，零落年深残此身。"

圣母殿彩塑，主题很特殊，既是纪念具体的人——邑姜，又将她当做神来祭祀，客观上达到了人与神的统一。而在时间上，纪念西周的一位皇妃，却到一千多年之后由宋朝来塑造，因此所塑造的人物是以宋朝的宫廷生活为模本的，是宋朝宫廷生活的反映。

圣母殿彩塑在塑造工艺和艺术风格上，既继承了传统，又有所创新，是北宋艺坛上的一个奇迹。这部创世杰作，不但在我国古代雕塑史上占有光辉的一页，而且也深刻地冲击了宋以后造型艺术的发展。

（二）贞观宝翰亭与晋祠铭

贞观宝翰亭俗称"唐碑亭"，初建时只是一间面西的小亭子，清乾隆三十五年（1770）扩建为三间，改为面南。1984年再度修葺，拓宽加深，增建亭前月台，油漆彩绘一新。

贞观宝翰亭为单檐歇山顶，前檐高悬清乾隆年间太原县令周宽题"贞观宝翰"横匾。亭内竖有两通石碑，左为唐朝李世

民"御制御书"《晋祠之铭并序》碑，右为乾隆三十七年（1772）摹写的复制碑。正面北墙嵌有唐太宗李世民石刻画像。东面墙上嵌有朱彝尊集杜甫诗而成大字楹联"文章千古事，社稷一戎衣"石刻。西面墙上嵌清康熙年间太原知府周令树撰《重建晋祠碑亭记》石刻。

《晋祠之铭并序》碑由碑额、碑身、碑座三部分组成。碑额左右各雕螭首一对，头下垂。碑身高195厘米，宽120厘米，厚27厘米。额书飞白体"贞观廿年正月廿六日"九字。碑阴列开国功臣长孙无忌、萧瑀、张亮、李道宗、杨师道、马周等人衔名。

《晋祠之铭并序》碑身正文是李世民御笔行书，共1203字，是一篇结构严谨、层次分明、词藻华丽、政论与抒情相结合的绝妙佳文。原碑历时1358年，至今保存基本完好。

《晋祠之铭并序》的主题思想是通过宗周政治，总结唐叔虞建国的史迹，以达到宣扬唐王朝文治武功和巩固政权的目的。其大体内容可分为四部分：

首先，提出"兴邦建国"必须亲信贵族，以作辅弼；"分圭锡社"也要给予采邑，来把握军政要点。"非亲无以隆基，非德无以启化"，认为不是亲属就不能巩固社稷，不施仁政就不能得到人民的拥护和爱戴。周朝是中国历史上历时年代最久的王朝，历经37帝，统治了800多年。李世民认为，周朝实行的分封世袭禄位制是国家长盛不衰的根本保证，应极力奉行。因此，《晋祠之铭并序》也就成了反映李世民政治思想的珍贵历史资料。

第二，李世民赞美了唐叔虞的功德"承文继武，经仁纬义"，称唐叔虞不愧为周室栋梁，晋国先祖。文中以"六合为家"的英雄气魄，运用"经仁纬义"的华丽文笔，对晋祠的山光水色给予"施惠、至仁、刚节、大量"的评价。

第三，揭发了隋炀帝的残暴统治，以至于神人共怒，四海腾波。他的父亲李渊顺天应民，得到拥护，从而统一了中国。

最后，李世民写下"虽膺箓受图，彰于天命；而克昌洪业，实赖神功"，认为唐室政权固然是天命所归，人心所向，而兴旺发达确是神功。为此，他以"日月有穷，英声不匮。天地可极，神威靡坠"的夸张语气来报达唐叔虞的神恩。结尾并祝"万代千龄，芳猷永嗣"，以此期望唐室天下千秋永固。

中国古代民间建筑

阅读这篇铭文之后，我们可以感觉到李世民不仅是我国历史上一个富有政治思想的文学家，而且也是一个才华横溢的书法艺术家。

李世民一生酷爱王羲之的墨宝，尤其喜欢王羲之的《兰亭序》。

《晋祠之铭并序》碑开创了我国行书上碑之先河，是仅次于《兰亭序》的行书杰作。碑文中的三十九个"之"字，书写风格毫不雷同。清人齐羽中评论说："其书气象涵盖，骨格雄奇，盖俨然开创规模也。"其书结字用笔颇似怀仁集圣教序，笔势飞逸洒脱，加之刻工精细，锋颖尽现，保存了原书的神韵。李世民在世时，对此碑就十分珍爱，他曾将此碑拓片作为礼物赠送外国贵宾，其得意之情可想而知。

清代文学家朱彝尊 5 次游晋祠，都对唐碑赞不绝口，流连忘返，并用杜甫诗句"文章千古事，社稷一戎衣"为唐碑亭作楹联，颂扬此碑，书于亭中。这副楹联高度概括了《晋祠之铭并序》碑的深刻含义，表达了作者对唐太宗文韬武略的仰慕之情，总结了历代统治者武力攻取天下，文教巩固政权的必然规律。

《晋祠之铭并序》碑是集史学、文学、政治、书法为一体的丰碑巨碣，是研究我国书法艺术的珍贵资料。该碑"目睹"了人世间的沧桑巨变，在这墨香书海的文物宝库中，必将以其巨大的历史价值，神奇的艺术魅力而流芳百世，永放光芒。

（三）傅山纪念馆

傅山纪念馆位于晋祠内胜瀛楼的西南侧，是坐南向北的一座清代建筑的四合院，其总占地面积 553.5 平方米，整个馆址东西宽 20.7 米，南北深 27 米。馆内为 20 世纪五六十年代的构形与装饰，内有南屋五楹，东西配房各三间，前开屏门，别成院落，东北隅辟小门，东出别构小院。馆内四周连通，布展灵活方便，为回廊式的展厅，雕刻精致，油饰彩绘，雅致怡人。纪念馆是永久性陈列展览与收藏傅山书画精品、文献资料及对外文化交流，举行各种活动的重要场所。

傅山纪念馆，原为同乐亭，创建于清乾隆二年(1737)。清乾隆书法家杨二酉《同乐亭记》写道："里人岁时宴飨，来会于斯，无移樽择胜之劳，有少长咸集之盛，故颜其亭曰同乐。"刘大鹏有联"同声相应，同会相求、同人共乐千秋节；乐不可无、乐不可极、乐事还同万众心。"1964年，经太原市政府批准，在同乐亭原址上，向西扩建3米，其名由同乐亭改为"山西历代书画馆"，此匾由郭沫若题写，后改为"傅山书画展览馆""傅山纪念馆"。

五、晋祠古木

在很多风景名胜中都有很多奇树古木，他们像是在向游人诉说着此地的历史，给这些地方增添了不少灵气。晋祠也是如此，祠中有很多古木，如齐年古柏、隋槐、唐槐和长龄柏等，增添了晋祠的诗情画意，同时，更使晋祠有了生命。

（一）齐年古柏

齐年柏，也叫卧龙柏、龙头柏，这是由于它形似卧龙，树身向南倾斜，与地面的角度成为45度，头枕撑天柏，形若游龙侧卧，人们才以卧龙之名称之。这株古柏，位于晋祠圣母殿右侧的苗裔堂前。这株古柏从周代至今，历经了三千年的风雨，虽然老态龙钟，但它体魄依然健壮，依然挺立在晋祠圣母殿旁，依然苍劲挺拔，品位不凡，枝干舒张曲屈，树影扶苏，姿态优美，半躺半卧，悠然自得，不拘一格，甚是威风而且潇洒，成为中华古老文明的化身。它虽饱经沧桑却四季苍翠，树高18米、主干直径1.8米，向南倾斜约45度，被另一株古柏所支撑，树叶披覆在圣母殿顶。

关于这株齐年古柏有一个美丽的传说，相传原本大殿两侧各有一株，同植于周代，原生长于悬瓮山南涧，圣母殿建成后，将这对连理柏移来分栽于两侧，右边的一株称为龙头柏，左边的称为凤尾柏，有比翼齐年之意，故称齐年古柏。可惜的是左边那株凤尾柏被迷信的乡民在道光初年砍伐，只剩右边这一株了。在这之后，龙头柏的树身慢慢地往凤尾柏的方向倾斜，龙凤柏的孩子就从龙头柏倾斜的方向拔地而起，叫做"撑天柏"，用它笔直、挺拔的身躯撑住龙头柏即将倒下的巨大身躯。在龙头柏的树身上长着很大一个像眼睛一样的痕迹，称做龙眼，传说每到下雨天，龙眼里就会流出泪

晋

祠

111

水。游人至此，总要用手触摸一下，为的是沾点灵气，希望自己能长命百岁。

就是这株古柏，引来了中国古代众多文人的赞誉和夸奖，历代讴歌者甚多。中国宋代著名文学家欧阳修曾以"地灵草木得余润，郁郁古柏含苍烟"来歌颂它。清代著名书法家、书画家、医学家傅山，曾以"晋源之柏第一章"的题词来讴歌它。

（二）长龄柏

晋祠内的周柏有两株，除上文所说的齐年古柏外，另一株就是长龄柏。

长龄柏位于东岳祠院中西南隅，高 17 米，树围 5.15 米，主干直径 1.64 米，覆盖面积达 300 平方米。长龄柏比齐年古柏略低一点，均有近 3 000 年的树龄。长龄柏北侧一半已经干枯，南侧另一半仍是青枝绿叶。其树老干虬枝，磊砢多节，形如苍龙，因此游人每至此，多喜摄影留念。

（三）隋槐与唐槐

晋祠的古槐有三株最为著名。一株是东岳祠旁的汉槐，高约丈许，干粗两围，最为年长，可惜已经枯萎。另一株为关帝庙院内的隋槐，粗至 6 人合抱，老干新枝，盘根错节，浓荫四布，生机不衰。最后一株是水镜台前的唐槐，三兄弟中数它最年轻，但树高 15 米，树围近 5.3 米，主干直径 1.8 米，冠径约 15 米，树大根深，枝繁叶茂，英姿勃发。每当春夏之际，洁白的槐花如云霞般盛开枝头，散发出阵阵清香，微风吹米，树枝轻摇，槐花一瓣一瓣飘落在地，别有一番情趣。

（四）银杏树与王琼祠

银杏树，也名白果树，是树中珍品。树上所结白果，可以入药，也可食用，是餐饮宴席上的上品、补品，为人们所珍爱。

中国古代民间建筑

王琼祠前的银杏树，已有 500 多年的树龄，相传为明代太原人王琼做官时所植。当时的王琼，是取了"银杏树下可成材"的意思。

银杏树，居于王琼祠前，分为左右两株。左雄右雌，分立两旁，被人们称为"连理银杏"。右侧的雌树，树高 17.94 米，树围 4.1 米，主干直径 1.3 米，冠幅东西 16.5 米，南北 17 米。每到夏日，开花为绿色，结银杏于上。左侧一株，是雄树。树高 22.8 米，树围 6.45 米，主干直径 2.1 米，在 4 米高的主干上分出 13 个大枝，一锯掉 4 枝，还有 9 枝生长，冠幅东西 24.5 米，南北 22.5 米。这株雄树只开黄色的花，却不结果。

土 楼

古朴雄奇的客家土楼是客家人用大地泥土造出的奇迹，是传统民间文化的"活化石"，是独具特色的客家文化的一个标志性的"符号"。客家土楼闪耀着客家人非凡的智慧与无与伦比的创造能力。与客家人生活息息相关的土楼建筑，展现了客家人世代相传和睦共居的独特的生活方式，这种大家族聚居地建筑体现了客家人的族群意识，客家土楼向心的布局强化了家族内部的凝聚力。

一、客家土楼的起源与演变

（一）客家先民与土楼之起源

神奇的客家土楼，是客家先民在漫长的迁徙、艰辛的创业、流动的生活过程中传承和发扬中国传统文化的杰出产物，是世世代代客家先民智慧的结晶，是客家文化的象征，是遍布世界各地的客家人心中共同的图腾。

因此，要追溯土楼的起源，首先得了解客家的渊源；要了解客家的渊源，又得首先了解客家迁徙发展之过程。

有人估计现在全球客家人约有一亿两千万左右，其中香港地区有三分之一的华人是客家人；台湾地区有五分之一到四分之一的人口是客家人。在内地，除闽、粤、赣三省外，湖南、广西、四川等省都有相当数量的客家人。在海外，东南亚各国、澳大利亚、美国、加拿大，也都有很多客家人。故而有人说，有太阳的地方就有中国人，有中国人的地方就有客家人。

这些从遥远年代走来、又向五湖四海走去的祖祖辈辈的客家人，用他们的勤劳勇敢、聪明睿智谱写了一部客家发展史。而一部客家发展史就是一部饱含辛酸的艰苦奋斗的迁徙史。

研究客家史的人普遍认为，客家是汉族的一个民系，源于中原汉族早期文明中心的黄河中下游流域。其实纵观古史记载，客家先民未南迁时的祖籍地，其地域范围大约为：北起并州上党，西接雍州弘农，东抵扬州淮南，中至豫州新蔡、安丰。也即为汝水以东，颍水以西，淮水以北，黄河上溯到山西长治一带，实际上这是江南汉族各民系共同的祖地。但他们因不堪边陲铁骑部族的长期侵扰，从西晋到明清，一批批从中原辗转迁徙到长江流域以南地区居住，进而不断南下，往各地分散迁徙，形成客家散布于世界上许多地区的局面。

据史学家考证，客家至少经历了五次大规模的迁徙。第一次是在西晋永康年间，动因是北方少数民族入侵中原。移动线大致是从晋、豫等中原地区，迁至鄂、豫之南部和皖、赣长江南北两岸，少数远抵珠江流域。据《晋书》《新唐书》等记载，自汉末以来，中原战乱加剧，移民也逐渐加剧，陕甘人口锐减，南匈奴人进入山西南部及陕西；羌族入北平、新平、安定等郡；氐族占天水、始平、京兆、扶风等地。关中人口百余万，少数民族人口占很大比例，加之连年旱灾，关中米价万钱，陕、甘饥民数十万。至西晋永嘉年以后，八王构兵，"五胡乱华"，中原社会大乱；晋元帝南渡建康，建立东晋，关中人口大批南迁。但此时移民到闽、粤、赣边缘者尚少。

第二次迁徙的发生，起因在唐末黄巢起义。唐代末期黄巢事变，其军兵向南转战十一个省区，而这些地方也正是北人南迁经过的主要线路，最远的到达了赣州、汀州、福州、桂林、广州，涉及今客家聚居地中心腹地。北方移民于此时开始如潮涌般进入闽、赣交界的赣州、汀州山区，即今闽西宁化、上杭、连城与赣南宁都等地。这时迁入粤东者还极少。闽、赣边区是数省通衢之地，靠近大运河古贡道，又属长江南岸发达区边缘，以宁化石壁乡为中心这片山地，为北来移民提供了相对适合的安身之处。后来，这里成了客家人以及相当部分闽南人和广府人的摇篮。

第三次迁徙起于北宋末期金人南侵，后又有蒙古族入主中原，北人再次大批南渡，其迁移线路与晋、唐时代的南迁线路大致相同。闽、赣边区的汉族移民人口由此巨增，其中部分迁入粤东梅县、广州及赣南的漳州、泉州和福州。

第四次起于明末清兵南进，而客家早期开发地区闽西、粤东的人口膨胀，向四周扩散，倒迁赣南，或向湘南、四川、江苏、浙江、湖北、广西、贵州、海南、香港、台湾迁移；与客家文化中心连成片的客家聚居区域，向广东深圳和闽南漳州扩展。到了清末民国初年，除继续往台湾移民外，太平天国革命失败后，粤省客家向雷州半岛、海南岛及北部湾沿海地区迁移，也有不少远迁到国外，形成今日东南亚客家社区。

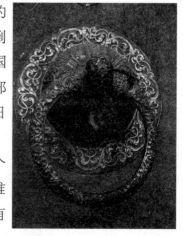

第五次迁移发生在 20 世纪五六十年代。这个时期，人口日益膨胀，闽、赣、粤山区条件差，难以适应客家发展需要。于是，客家人再次南下，有

的南迁到雷州、钦州、广州、潮汕等地，有的则渡海至香港地区、澳门地区、台湾地区，乃至更远至新加坡、印尼等南洋诸岛国，甚至远至欧美等地。

在客家人的五次大迁徙中，前四次迁徙皆因社会动乱、兵燹狼烟，被迫携妻带眷，扶老携幼、背负行囊、背井离乡；只有最后一次迁徙，是为了寻找更大的发展空间而主动迁徙，这是人类社会生产力发展的必然结果，符合历史发展的一般规律。

车辚辚，马萧萧，泣别祖地，从饮马黄河到摆渡长江，由一望无垠的大草原到山高土瘠的蛮荒之地，迁徙之伍何等绵长，迁徙之路何等艰辛，迁徙的脚步何等沉重，迁徙的希望又何等渺茫。一部《客家之歌》电视剧比较充分地展现出客家先民大规模迁徙的历史画卷，而电视剧的主题曲则如泣如诉地唱出了那段厚重沧桑的历史。客家先民就是如此步履匆匆，迁徙、迁徙、再迁徙，南下、南下、再南下。每到一个地方都是以客人的身份出现。对于"客"的含义，有专家从文字学来解释。"客"即为"寄"也。"客"字由"宀"和"各"组成，"宀"表示"交覆深屋也"；"各"为"异辞也，从口夂，夂者有行而止之，不相听也"。因此，久而久之就有了"客家人"的称谓。

良禽择木而栖，更何况灵长类的人呢？漂泊不定的客家先民经过无数次的或举家辗转迁徙、或全族辗转迁徙，选择宜居之地后停下长途跋涉而又十分疲惫的脚步，开始披荆斩棘、构筑家园、繁衍生息，至今日已成为中华民族中一支特殊的民系。

当部分入闽的客家先民迁徙的脚步抵达"天下之水皆向东，唯有此地独流南"的闽西最大河流汀江两岸时，立刻被丰茂的水草、肥沃的土地所吸引，就在这里开始描绘新家的蓝图。由此，连接客家人南迁的两个中转站——福建闽西宁化和广东梅州诞生了，汀江流域因此成为客家人的大本营。无私、宽广、富饶的汀江以博大的胸怀接纳了客家人，使客家人逐步发展壮大为南迁六大民系之一的客家民系。

从许多的珍贵史料和族谱资料中可以看到，几乎每地每姓都把最早迁徙到闽西的先祖尊为南方始祖，把闽西作为告别中原的终点和成为客家人的起点，

中国古代民间建筑

因此，汀江被天下客家人称为母亲河，成为海内外客家人顶礼膜拜的圣地。宁化也因此被称为客家祖地、客家摇篮。闽、粤、赣被称为客家大本营。

"有朋自远方来，不亦乐乎"是中华民族的优良传统。热情好客的土著人开始还对远道而来的客家先民以宾客礼节相待。但客家人毕竟是举族而迁，需要大量的居所和赖以生存的耕地等其他生活资源。天长日久，当地土著人担心客家人反客为主，加上生活、生产过程中免不了的摩擦，进而形成一定程度上的对立，继而激化成矛盾冲突、武力相向。由此，深受战乱颠沛流离的客家人的忧患意识非常强烈。

宁化玉屏坑，在唐宋时期已成为客家人聚居地，那里曾栖居着一百多个姓氏，长汀、永定、武平、上杭的客家人均从玉屏坑客家人繁衍而来。由于上述原因，当地土著头人曾多次煽动土著人联合袭扰玉屏坑，均被玉屏坑客家人所击败。玉屏坑客家人为了显示反侵扰、抗蚕食的决心，就将玉屏坑改名为石壁坑，又称石壁寨，并在住居及村子四周筑起了用于防御的栅栏或围墙，教育子孙后代要有石壁一样的坚硬精神。

立稳脚跟是生存下去的前提，居者有其屋又是立稳脚跟的前提。为了立稳脚跟，也为了生存下去，并有效地抵御袭扰，客家人节衣缩食，购置田地，运用中原传统的生土夯筑技术，加以创新和发展，建造起自己的家园，富有中原传统又具客家特色的建筑——土楼，就这样诞生了。

关于土楼建造的最初创意，因史料阙如，已无法知其详情。但从口耳相传的黄氏兄弟"指土为金"的故事中，可略窥其端倪。

据说，黄氏兄弟是两晋皇室后裔，他们避难南逃到了宁化，买了一块地准备盖房。老二说："砍伐木材来搭建房子，这样方便。"老大说："砍掉树木成了光山，将来就要产生没水喝的恶果。""那就开山取石，用石材盖房。"老大说："用石材固然好，但费力又费钱。付了购地钱后，现在只有十两黄金，哪里买得起盖房的石材？"老二有点着急："木料不行，石材也不行，那怎么办？"老大指着脚下的黄土地说："不急，这里遍地是黄金！"老二不解。老大解释说："这里的黄土黏性强，掺上白灰、沙子就成了三合土。这是不要钱的建筑

土
楼

材料，这土又是金黄色的，不就是黄金吗?"用土垒房的创意就这样诞生了。兄弟两人用余下的钱购买了木料作楼棚，购了石材固地基，内外墙体皆为黄土夯筑，就这样筑成了日后被称之为"土楼"的独特的家园。

关于客家土楼的渊源还有一个美丽的传说：明正德年间，永定湖雷余氏出了一位品貌出众的姑娘。但姑娘小时候孤苦凄惨，一场灾难，父母双亡，留下姐弟两人割草放牧，相依为命。16岁时，赶上皇帝选妃，那里的民间百姓多为南迁皇亲国戚之后裔，深知宫闱之苦，谁也舍不得将自己的女儿送去，族人相互买通送她前往。一入宫她即被选为贵妃，其亲弟自然成了国舅爷。过了几年，贵妃想念弟弟，皇上降旨召国舅爷入宫。谁料尽管国舅爷对锦衣玉食十分满意，但毕竟久居山野，对宫中的繁文缛节甚为不惯，对宫中的丝竹管弦也不感兴趣，遂告辞还乡。然而，国舅爷出得宫门仍频频回首，一副欲言又止的样子。皇上问个中缘由，他回答说家中房屋矮小，无京城宫殿那般高大雄伟、金碧辉煌，想想回去以后再也看不到这样的宫殿了，因此想多看几眼，一饱眼福。皇上听后，特恩准他回乡后可以兴建高楼深宅。这位国舅爷回到永定，果真建起了高大雄伟、宽敞明亮的宫殿般的五凤楼。

在客家人中盛传的这些故事，虽然带有演绎、杜撰的成分，但却在不经意间说明了客家土楼渊源之流长、历史之悠久。

何葆国先生在《永远的家园——土楼漫游》一书中撰文："土楼是客家人从闽西南高山密林向中原故地深情回望的眼眸；是客家人对客居地激情拥抱的臂膀；是客家人所有光荣与梦想的寄托。"所言有理。

(二) 方圆之间与土楼之演变

所谓客家土楼，黄汉民先生概括出来的定义是：客家人聚族而居，并用夯土墙承重的大型群体楼房住宅。据考证，我国殷商时期就有夯土建屋。陕西半坡遗址考古结果表明，生土版筑技术早在六千年前就被广泛应用于民居建筑。唐长安的皇城、宫墙均为夯土墙，城内的里坊也是用土墙分隔。可见，客家土

中国古代民间建筑

楼是客家人继承和发扬黄河流域生土版筑技术的产物，只是客家先民发挥自己的聪明才智，把中国的传统夯土技术推向了极致的顶峰。

以永定为例，永定是纯客家县，县内四十七万居民大都是客家人的后代。土楼又是永定客家人的杰作，因此，土楼顺理成章地被冠以"客家"两字，最初唤作"客家土堡"或"客家圆寨"，而后逐渐被"客家土楼"所取代，客家与土楼由此就形成了一个不可分割的整体，有了其独特的含义和特定的指向。

据史料记载，客家土楼大致经历了萌芽阶段、初级阶段、成熟阶段和鼎盛四个阶段。最早的客家土楼萌芽于唐朝晚期南宋初期，初级阶段和成熟阶段则以永定置县为分水岭，明代中叶以前为初级阶段，明末清初以后为成熟阶段，17世纪50年代至20世纪五六十年代为鼎盛阶段。

从土楼的构造上说，客家土楼是先有方形土楼后有圆形土楼。早期的客家土楼都是方形的，而且比较巨大，因此更像是土堡。我们发现，十一、十二世纪建造的欧洲古城堡大都是带角的矩形，结果造成不利于防守的致命弱点。虽然攻城者在接近城堡时，很容易遭到守城者的射击或被城上投掷的石块所伤，但城堡角上是守军的视线和弓箭难以企及的地方，攻城者就很容易从角边贴近城堡，用工具开挖墙基，或打开一个可以作为入口的洞穴，甚至干脆把城堡挖到倒塌。针对这一弊病，后来的建城者将城堡建成圆形，或在城堡的四周增加向外挑出的角楼，这样在任何位置接近城堡的敌人都能及时被发现，并遭到阻击。作为既要防御野兽伤害，还要抵御暴力袭击的客家土楼，必然也像欧洲城堡一样——由方形向圆形演变。

从土堡演变而来的客家土圆楼的出现，除了有增强防御功能的客观需要外，还必须具备几个条件：强大的家庭凝聚力、相对安宁的生活环境、较扎实的物质基础。可以说，圆形土楼之所以在客家居住地应运而生，还有其地理、防卫、生活等诸多客观因素。以永定为例，永定东南部地处博平山脉中段，而且金丰大山有如伸展的粗壮手臂，又如遍布人体各个器官的毛细血管，形成无数个沟壑、山涧、山梁，地形切割非常强烈，随之形成了许多的"窠煞"。所谓"窠煞"就是峡谷或峭壁夹矗地带直窜而来、无自然屏

障阻挡的强大气流，对人畜健康及建筑物都会带来严重的危害。客家先民在选择居地，特别是建筑方面非常讲究"避煞"。相对而言，方形土楼的受力面大，不利于消解煞气，楼易受损害；圆形土楼利用圆的切线原理，可以轻而易举地消解煞气。出于地理因素，此为首要。

其次，是防卫因素。客家人与当地土著人混居一处，摩擦冲突、火拼争斗在所难免。从防御的角度上看，方形土楼的四个角存在防守盲区，对方往往以此为突破口，攻城略地。而圆形土楼则具有广阔的射击视野，便于统一指挥，集体防御，而且四周等高同厚，有如铁桶般坚硬，没有薄弱环节。

再次，是生活因素。这里群山环绕，日照时间较短，阳气不足，阴气有加，而且方形土楼有阴暗寒冷的死角房间，不适合人居住，亦不利于分配。圆形土楼则巧妙地消灭了死角房间，有利于公平均等分配。

圆形土楼的诞生还是客家先民勇于实践的结果。客家先民在建房筑屋时发现，边长相同的圆形和方形，其面积前者是后者的 1.275 倍，可以把有限的空间最大限度地使用起来，不会浪费地皮，同时，还可以节省建筑材料。

从构造演变上说，客家土楼经历了从无石砌墙基到有石砌墙基的过程。据永定县 20 世纪 90 年代的调查，人们惊奇地发现，永定客家土楼中五六百年楼龄以上的土楼不但都是方形的，而且还有一个共同的鲜为人知的特点——没有石基。同时，发现无石基土楼的防御色彩更加浓烈。这些土楼一二层完全不开窗，三层以上开的窗极狭小，土墙也特别厚，全楼只有一个大门，最古老的馥馨楼甚至还有又宽又深的护楼河。无石基土楼都比较简单，几乎都没有厅堂，也几乎不加装饰。而从无石基到有石基，其间还有一个过渡时期，即不冒出地面的石基。

客家土楼经历了由小变大、由方而圆、由简而繁、由粗而精的演变过程，完全符合事物发展的一般规律，即从简单到复杂，从低级到高级。当然，也充分反映了客家生产力水平和客家民系社会、文化的发展历程。

二、客家土楼的类型与功能

(一) 客家土楼的类型

走进客家住地，仿佛走进一个博大精深的东方古城堡博物馆。说起古城堡，人们立即会想起东罗马时期的君士坦丁堡、英国的温莎城堡、德国的新天鹅城堡、奥地利的萨尔斯堡和西班牙的塞戈维亚城堡等等。这些古城堡，不管是已为历史尘封，还是至今仍矗立于欧洲大地上，其展示的都是西方城堡的建筑风采。可是，当我们把视线转向东方，在客家人住地，人们会惊异地看到东方古城堡——客家土楼的绝世姿容。

客家土楼以独步天下的建筑艺术和异彩纷呈的繁多类型向世人展示着东方古城堡的独特魅力。根据专家调查，土楼的类型有三十多种，概括起来可以分成三大类，即方形土楼、圆形土楼和五凤楼。其中，殿堂式围屋、五凤楼、府第式方楼、方形楼、走马楼、五角楼、纱帽楼、吊脚楼、圆形土楼是东方古城堡博物馆中各具风采、格局相异的建筑。

五凤楼恰似一座宫殿，楼宇参差、富丽堂皇，它以三堂为中轴线，左右有平衡对称的厢房，厢房的规模大小则视楼主的财力而定，有三堂两横式、三堂六横式。这种土楼的屋脊飞檐，风格朴实而气势非凡，呈现出汉代宫殿屋顶的显著特点。五凤楼多为五层叠，犹如展翅欲飞的凤凰，五凤楼之名即由此而来。五凤楼大门前必定有一片宽阔的晒坪和一口半月形的水塘，房子必定是前低后高、逐级升高，中间高两边低，呈阶梯状。闽西客家聚居腹地上杭县有传统五凤楼两千座以上，永定县有一千余座，武平、宁化、清流、长汀、连城等几个纯客家县各有五凤楼一千多座。广东全省有五凤楼一万座以上，其中半数见于粤东、粤北。加上江西、广西、四川、湖南等地客家的五凤楼，粗略估计全国共有两万五千座以上的五凤楼土楼，其数量大约是圆、方两种土楼总数的六倍。

土楼

永定县高陂镇富岭村的裕隆楼和湖坑镇洪坑村的福裕楼是五凤楼中的杰出代表。裕隆楼又称大夫第、文翼堂，系王氏建于清道光八年（1828年），历时六年建成。主体建筑坐南朝北，对称布局，面宽52米，纵深53米，分左中右三个部分，其布局形式俗称"三堂两横"。该楼雕梁画栋，工艺精湛，院落重叠，屋宇参差，气势轩昂，雄伟壮观，外大门石质门楣阴刻"大夫第"三个字。1977年夏，上海同济大学教授、中国著名园林建筑专家陈从周专程考察此楼后，描述大夫第"处处土墙深檐，黄墙衬于青山白云间。其色彩造型之美，宛如宋元仙山楼阁图"。他"徘徊留恋，未忍遽别"，后又吟诗一首："仿佛仙山入梦初，自怜老眼未模糊。流风已逝宋元画，如此楼台岂易图。"福裕楼建于1882年，是五凤楼的变异形式，五凤楼的下堂在这里变成两层楼房，延长与两侧三层的横屋相连，中堂建成楼房，后堂五层的主楼扩大与两横相接，构成四周高楼围合更具防卫性的形式，实际上是五凤楼发展到方楼的过渡类型。据楼主林氏兄弟讲述，其父曾任清朝"朝政大夫"，官居四品，所以皇帝才准予建造这种宫殿式的住宅。其四周为二至五层的土楼，夯土墙承重，土墙面作白灰粉刷。内院中的中堂则是灰砖木构楼阁、精致华丽。整座建筑中轴对称，屋顶错落、气势轩昂。最盛时楼内居住二十七户两百余人，其前门两边的对联曰："福田心地，裕后光前。"既解释了楼名，又表明了他们的追求。

殿堂式围屋属于早期的土楼，酷似中原府第殿堂式的民居，源自黄河流域的传统建筑。在河南、陕西等地，文献记载和考古发掘的殿堂建筑和遗址十分丰富。殿堂式围屋与府第式方楼相比，虽渊源同一，但规模较小，结构简单，多以生土夯筑而成，又可分为"二堂两横""三堂两横""三堂四横"等类型，目前，留存不超过10座。围屋内设上下厅堂、天井、后室、横屋、巷道等。无论是"二堂两横"还是"三堂四横"，中轴线都十分分明，围屋的整体呈方形，横屋后半部分比前半部分高一层。

殿堂式围屋的典型代表是位于永定高陂富岭村的福隆楼。该楼为"三堂两横"，建于1823年，占地5 000平方米，自西向东依次为：楼门坪、大门、门厅、长方形楼、天井、中厅、天井、半月形围楼。围楼高三层，每层12个房

中国古代民间建筑

间、2 个厅堂。

府第式方楼产生于清代，是特殊年代的产物。或豪华，或简朴，均个性鲜明，均为两进两落或是三进两落。府第式方楼建筑平面与五凤楼相似，但一般规模较大，无论是横向还是纵深都较长，各种设施较齐全，门坪外还筑有围墙。从布局上看，府第式方楼在中轴线上的三座楼房，都是前低后高，间隔天井，天井两边为厢房。前座楼设前厅，出口为大门；中座楼设中厅，或称大厅，系全楼公共活动中心；后座为主楼，设正堂。中轴线两侧建有前低后高的两落横屋，互相对称，横屋的房门均朝向中轴线，与"三堂"相呼应。"三堂"与横屋之间分别有一长方形天井，前后以走廊与厅堂连接。前堂大门两侧廊厅分别设一小门，作为横屋的进出口。全楼天面为小青瓦汉代九脊屋顶。主楼高，出檐大，主次分明。

坐落在永定抚市镇的"永隆昌"就是典型的府第式方楼，居住在里面的黄氏一族是当地望族。永隆昌楼是福盛楼与福善楼两座府第式方楼组合而成的，两座方形土楼之间有横屋连接在一起，占地 33 000 平方米，其中两个大门坪就有 3630 平方米。据说 1931 年国民党军四十九师进驻抚市镇，奉命集中二八九和二九〇两个团进行检阅，一时找不到大操场，最后寻访到这两个大门坪，才解决了问题。两座主楼高达五层、六层，共有各种厅堂 92 个，房间 246 个，144 道楼梯，石框门 33 座，水井 7 眼，天井地坪 20 处，建造历时 28 年之久。所有门户均为石条拱形门框或砖拱石门槛，有石刻门联 15 对。天井及走廊以长条石板走底。屋内木石雕刻极尽事工、豪华古雅、精美绝伦。楼层地面都铺有厚青砖以减震与防火。建造该楼的泥水师傅，壮年携带家眷而来，在工地生男育女，到工程竣工时，已须发斑白，传说有的做了爷爷，不但与儿子在一起做工，甚至孙子也在工地出师当师傅了。徒弟、师傅、师祖三代共建一座楼，可见其规模之庞大。永隆昌楼建成后黄氏现已传了 12 代，还有 33 户 180 多人住在里面。

宫殿式方楼是方形楼的一种，是方楼系列中最富特色、数量最少而且显得最为尊贵的一种。宫殿式方楼与府第式方楼虽然都属于方形土楼系列，但他们有诸多不同。前者后堂高前堂低，自前而后逐级升高，落差极为

明显，后者四周等高；前者的祖堂位于后堂，后者的祖堂一般位于内院之中；前者的屋顶都是断檐歇山顶式，后者的屋顶则是悬山顶式；前者结构装饰远比后者复杂、华丽，后者则显得简单、朴素。另外，与其他种类土楼不同的是，宫殿式方楼不像其他形状的土楼那样人丁兴旺、为数众多，因为宫殿式方楼现仅存一座，即奎聚楼。

奎聚楼位于福建永定湖坑镇红坑民俗文化村，又称儒林第，建于1834年。奎聚楼依山而筑，从远处看，楼宇与背后的山脊连成一体，有如猛虎下山，奎聚楼是虎头，山脊即虎身，这是清朝翰林学士巫宜福根据虎形的地理特点而设计的。奎聚楼占地6 000多平方米，三堂两横。前半部分三层，后半部分四层，前后楼的屋顶一高一低，分成三段做断檐歇山式，两边侧楼的屋顶做悬山式迭落，以此勾画出高低不一、错落有致的天际轮廓。装饰华丽的敦礼堂是该楼的祖堂。最为独特的是后楼第四层的腰檐中段突出一段小屋顶，使祖堂前向形成重叠的屋檐，层次分明，逐层递升，雄伟壮观，颇有西藏布达拉宫的韵味和雄风。

方形楼这种土楼在客家居住地数量最多。一般的方形土楼结构较简单，通廊式平面，四面等高或相差无几，单独成楼，没有组合。有的呈封闭式，有的呈开放式（所有门朝外，呈店式，一字形），有的呈正方形，有的呈长方形。或二三层，或四五层，或面阔二三间，或面阔多达十几间，或单独呈"口"字形，或呈"日"字形，或呈"目"字形。这类土楼在客家数量众多，如果说圆形土楼是红花，那么众多的方形土楼就是绿叶，在众多毫不起眼的方形土楼陪衬下，圆形土楼才显得分外妖娆和美丽。坐落在永定县高陂镇上洋的遗经楼就是一座典型的特大型方形土楼。

遗经楼由前、中、后三座五层方楼和两边各一座四层方楼为主体，加上两座学堂及大门楼，组成无比壮观的庞大土楼群。遗经楼坐落在高坡盆地上无数座方楼、五凤楼之中，它对面就是高达40余米的天后宫土楼塔。据测量，它东西宽136米，南北进深76米，占地面积10 336平方米。它有五、四、二、一共四种楼层，内部有400个房间，工程浩大。据说是陈氏第十六代祖陈华升所建，始建于清代嘉庆十一年（1806年），历时三代人，共用了七十年的时间才完工。遗经楼屋面高低错落，外周墙粉白灰，巨幕般闪耀，气势宏伟，走入楼内犹入迷宫。入内首先是一方卵石走底的外天井，在它的两头各建有一座平房作为私塾，以及一些附属平房。私塾呈"四架三间"基本平面，另有天井，自成一小天地，有宽敞的课室与教师住房。以前楼内陈氏一族最旺时有七百多人，这私塾也热闹非凡。直到19世纪下半叶以后，楼内弟子才走出楼门去上楼外的学校。在总平面上，遗经楼正好是前后两个方形。这两个方形的横竖任何一座楼，都既可以独立又可以与其他楼有机地组合为一体。整座楼的开间大小和厅、房、天井的配置复杂多变，有单间的小单元，也有围绕一个大厅有6间房、面积每层达100多平方米的大单元。全楼共有九部楼梯，其中六部与敞廊衔接为公梯，后楼三个大单元各有一部楼梯。遗经楼主楼外墙底层厚1.1米，墙厚与墙高之比属薄的一类，夯土质量极好。大门板厚达20厘米，二楼以上向楼外开直条单孔木窗，往高窗渐大。建成之后，曾经过强烈地震和战争的考验而安然无损。20世纪初，红军与国民党军队曾在此楼作攻防大战，红军据楼两个月，国民党军队困楼而攻不进去，曾三次试图用炸药炸开缺口，但土墙与门防太坚固，无济于事，楼内柴米油盐等生活之需可供半年，最后只好撤围。遗经楼住有陈氏二十二户二百人，最小一辈已是第二十七代。二百人住偌大一屋，似乎显得冷清，大楼的维护管理也使他们颇感力不能支。

多角楼无论是八角楼还是五角楼，都是因地制宜的产物，体现了客家人珍惜每一寸土地的远见卓识。这类土楼设计巧妙、形制新颖，不得不让人折服于客家人的聪明才智。

位于永定高头镇高东村的顺源楼是五角楼。该楼建于清道光十九年（1839年），坐落在小溪边的一块三角地带，依着北陡、南狭、临溪的地势及溪流去向而设计营造。内院呈三角形，顺着陡坡分为上下两个庭院，祖堂与前厅形成一组对称规整的空间构图。尽管中轴线不太鲜明，但布局灵活、层次分明，更富立体感。

位于永定湖坑镇南江村的东成楼是八角楼。该楼建于清乾隆年间（1736—1795年），坐东朝西，占地4 200平方米。与众不同的是，该楼之

所以呈八角形，主要是"风水"引起的变化。据说，楼主本意是想建四方形土楼，但方形土楼的一个角刚好对准不远处山坡上的本村黄婆太的墓地，而该墓地为猛虎下山形，这个角恰似一支利箭对准虎头，对黄婆太后代的影响大为不利。为了调节由此产生的纠纷，双方请来翰林巫宜福，巫宜福不愧为才子，想出一个两全其美的方法，即将方形的四个角削去，于是四角变成八角。八角楼由此鹤立鸡群于众多土楼之中，独树一帜。

圆形土楼又称环形楼，旧时称圆寨，是客家土楼中最富盛名、最令人叹为观止、最让人畅想的一种。有单环楼单一质朴，更多的是两环以上的多环同心圆楼。多环圆心楼都由二三圈组成，由内到外，环环相套，外圈高十余米，四层，有一两百个房间，一层是厨房和餐厅，二层是仓库，三四层是卧室。二圈两层有三五十个房间，一般是客房，中一间是祖堂，是居住在楼内的几百人婚丧喜庆的公共场所。楼内还有水井、浴室、磨房等设施。土楼采用当地生土夯筑，墙的基础宽达 3 米，底层墙厚 1.5 米，向上依次缩小，顶层墙厚也不小于 0.9 米。然后沿圆形外墙用木板分隔成众多的房间，其内侧为走廊。其中有年代最久、环数最多的承启楼；直径最长的深远楼；直径最短的如升楼；圆中有方的永康楼和衍香楼；单元式的集庆楼等等。

圆形土楼还有因规模、功能各异的别称，如：土楼王子——振成楼、土楼之王——承启楼、袖珍土楼——如升楼、直径最大的圆形土楼——深远楼、回音楼或防震楼——环极楼、书香楼——衍香楼、土楼王子姐妹楼——振福楼等。

从建成时间上说，永定下洋镇的初溪村集庆楼无疑是圆形土楼"长辈中的长辈"，它被称为圆楼之尊。该楼建于明永乐年间（1403—1424 年），坐南朝北，占地 2826 平方米，分内外两环，外环土木结构，直径 66 米，高四层，底层墙厚 1.6 米，无石砌墙基，底层 53 个房间，二层以上每层 56 个房间。起初该楼只有一个楼梯，位于门厅东侧，通至四层。清乾隆九年（1744 年）进行改造，将二层以上改为单元式，每单元 6 个房间，各设一道楼梯，单元间用杉木板相隔。内环单层为砖木结构，共 26 个房间，设为饭厅或杂物间。祖堂位于楼中，方形，土木结构。该楼还有四个特点十分有趣：一是全楼共有 72 道楼梯，是所有土楼中楼梯最多的；二是全楼木质结构不用一枚铁钉，全部是用木榫连接而成，但却十分牢固；三是该楼外环四周设有九个瞭望台，既可以瞭望又可以架设枪炮，凸显踞守防御功能；四是楼后侧底层还设有秘密通道，可谓防卫一绝，当遇险时可以迅速从此通道逃往附近的山坡上撤离疏散。

从设计的精致堂皇程度而言，位于永定湖坑镇洪坑村的振成楼是最出名的，它被称为土楼王子。振成楼的设施布局既有苏州园林的印迹，也有古希腊建筑的特点。该楼建于1912年，花费8万大洋（相当于现在的500万人民币），历时五年建成，全楼占地5 000平方米，悬山顶抬梁式构架，分内外两圈，形成楼中有楼、楼外有楼的格局。祖堂似一个舞台，台前立有四根周长近2米、高近7米的大石柱，舞台两侧上下两层30个房间圈成一个内圈，二层廊道精致的铁铸花格栏杆，据说是从上海运到厦门再请人挑进山里的。大厅及门楣上有民国初年黎元洪大总统的"里党观型""义声载道"等题字。楼内还有永久性楹联及题词二十余幅，充分展示了土楼文化的内涵。该楼内洋外土，雕刻彩绘技艺精湛，楹联篆刻意味深长，堪称中西合璧的建筑奇葩。1985年，它与北京天坛、雍和宫的建筑模型作为中国南北圆形建筑代表，参加了美国洛杉矶举行的世界建筑博览会，引起了轰动，被誉为"东方建筑明珠"。

但是要从建筑规模、气势上讲，位于永定高北村的承启楼是最有霸气的。该楼为永定县环数最多、规模最大的圆形土楼，鼎盛时居住八百多人，现在仍然居住三百多人，因此它被称为圆楼之王。该楼始建于明朝崇祯年间（1628—1644年），清康熙四十八年（1709年）落成，横跨两个朝代。坐北朝南，占地5 376余平方米。因夯筑外环土墙时，天公作美，未受雨淋，故又称为天助楼。内通廊式，共四环。外环高四层，土木结构，直径为73米，底层墙厚1.5米，自下而上递减，至最顶层墙厚为0.9米。一二层不开窗，一层是厨房，二层是粮仓，三四层为卧室，每层72个房间。东西面各有两道楼梯，正南面开一大门。第二环高两层，砖木结构，每层40个房间，底层为厨房，二层为卧室。第三环单层，砖木结构，32个房间，作为私塾，供楼内女子读书用。第四环为祖堂，单层，比第三环略低，厅堂上方和前屋檐下悬挂清代至20世纪80年代的一些名人赠送的题匾，

土

楼

两侧大石柱上镌刻着警示子孙后代的楹联："一本所生，亲疏无多，何必太分你我？共楼居住，出入相见，最宜重法人伦""天地人三盘，奥妙无穷；助人间为乐，造福万年"。承启楼与世泽楼之间形成巧夺天工的"方圆一线天"，引来了无数的摄影爱好者。

1981年，该楼作为词条被收入上海辞书出版社出版的《中国名胜词典》。1986年4月，中华人民共和国邮电部发行的中国民居邮票，其中面值一元的"福建民居"就是该楼的图案。承启楼还蜚声海内外，在台湾桃园小人国和深圳锦绣中华都可见它微缩景观的身影。

当然，如果要从文化内涵的视角来说，最有书香气的就是位于永定湖坑镇新南村的衍香楼了，它又被称为书香楼。该楼坐落于南溪与奥杳溪交汇处，坐北朝南，建于道光二十二年（1842年），占地4 300平方米，内通廊式，高四层，直径40米，土木结构，全楼各道楼梯，均设一道大门。外墙底层墙厚1.5米，四层墙厚0.7米。祖堂位于楼中间，单层方形，砖木结构。祖堂雕梁画栋，古朴典雅，共有三对楹联启人深思："积德多蕃衍，藏书发古香"；"种德多随居蕃衍，读书好出口生香"；"不因富贵求佳地，但愿儿孙做好人"。楼外围墙环绕，墙高1.8米，正面的围墙用鹅卵石砌成，长约50米，宽0.3米。这堵围墙就似一条龙，龙头为西侧的外大门。据该楼楼主介绍，当初建房时，因为大门找不到好的朝向，只能选择内门偏西方向，但此处正好对准自西而下的奥杳溪，在风水上形成了一个"窠煞"。此乃建筑房屋的大忌。为了镇住窠煞，主人就设计并建造了一条"龙"来镇煞保圆楼。该楼的西侧和后侧建有高二层的学堂，此为"习文"之地；距楼后围墙约百米有一个后花园，绿树成荫，古木参天，此为"练武"之所。该楼人才辈出，不仅祖上有许多为官之人，而且从20世纪50年代至今，走出了大学教授六名、中学教师一二十名，小学教师三四十名，博士、硕士也有十几名，另外，旅居海外的宗亲现有一千一百多人。

（二）客家土楼的功能

客家土楼建筑在功能上具有聚族而居的亲情感、建筑土楼的实用感、居住土楼的舒适感以及防御安全等多种功能。

第一，聚族而居的亲情感。客家土楼属于集体性建筑，其最大的特点就在于其造型大，其体积之大，堪称民居之最。大多数的客家土楼高三四层，共有百余间住房，一座土楼可住三四十户人家，容纳两三百人；大型圆楼直径可达七八十米，高五六层，内有四五百间住房，可住七八百人。这种民居建筑方式充分体现了客家人聚族而居的民俗风情。从历史学及建筑学的研究来看，土楼的建筑方式是出于族群安全而采取的一种自卫式的居住样式。在当时外有倭寇入侵、内有兵火混战的情势之下，举族迁移的客家人不远千里来到他乡，一种既有利于家族团聚，又能防御侵扰的建筑方式便应运而生。同一个祖先的子孙们在一幢土楼里聚族而居，形成了一个独立的社会，唇齿相依，荣辱与共。所以，御外凝内是土楼功能最恰当的归纳。

聚族而居的选择在中国各地居民中都有反映，但是在客家土楼最为明显。方楼、五凤楼、圆楼等等，其结构布局都是轴线对称的，而且在轴线的中心显赫位置必定设置祖堂，以供敬奉，这是聚族而居一体化的布局，也是客家人强烈的家族凝聚意识的体现。

土楼的功能，还有一个明显的特点，那就是回廊贯通。不论哪一种类型，即使等级森严的五凤楼，各房间各院落之间，必有贯通全楼的回廊或通道，以及公共楼梯，从不各自隔离，其目的也在于彼此相通，一览无余。倘若有封闭、隔离之举，就会被视为离经叛道。永定县初溪村的集庆楼系徐氏三世祖七兄弟合建。虽不是真正意义上的单元式土楼，但毕竟是单元格局，从居住地的私密性和舒适性来讲，在当时有很大的进步，但是人们还是给它取了一个令人不快的别号——"忤逆楼"。集庆楼的楼门楹联写道："集益都从谦处爱，庆余只在善中求。"横联为："物华天宝。"好端端的名楼，怎么被称为"忤逆楼"呢？传统上讲，"忤逆"意指子女不孝顺父母的行为，以礼教标准评判，"忤逆"已构成重罪，当受极刑。称其为"忤逆楼"，多少也反映客家人容不得非聚族而居的心理意识。

聚族而居，也就是聚集人力、物力、财力。客家土楼无论大小，每座楼必定有厅堂。此厅堂是用来举行宗族宴请、婚丧喜庆、祭祀祖先、供奉门神

及其他大型活动的公共场所。这里也是休闲之地，早晨、傍晚楼内的男女老少都可来到厅堂，或坐或站，商讨农事、交流信息。据说不少人就是在厅堂聊天时获得了信息而捕捉住了生意的机遇，后来发了大财。土楼内还有占地面积较大的门坪。这门坪的作用很多，或作节日欢庆场所，或作习武健身场馆，或作晾晒作物场地。每座土楼楼主都会讲这样的故事：某一天，忽然狂风大作，乌云密布，此时全楼人不分你我，齐心协力，把在门坪晒的谷子收起来，以免被雨淋湿。这是很平凡的一幕，但却是令人感叹的情景。

第二，建筑土楼的经济实用感。客家土楼的主要建筑材料是黏土、杉木、石料，还有沙、石灰、竹片、瓦等辅助材料。有文曾对此专论道："土楼的建筑有着充分的经济性，一是黄土和杉木为主要材料；二是可口传身授的施工技术；三是无需任何特殊建造设备。"在客家人聚居地，素有"八山一水一分田"之称，有丰富的赤红壤和广袤的森林，生土和林木资源充足，取之不尽，是大自然对客家人的恩赐。用于夯筑承重土墙的沙质黏土都来自于大地，回归于大地，天然的生土取自山坡，不破坏耕地，旧楼若需拆除重建，墙土可以反复使用，或用作农作物肥料，不会像现代砖墙或混凝土那样成为建筑垃圾。杉木、松木也盛产于客家人居住的每座山，一般来说，由于土楼屋架通风较畅，木构件受白蚁侵袭或受潮的情形并不严重，旧料可以分两次使用，又是一环节省。石料更是遍布客家人周边的每一条溪河，用之不竭。

土楼的施工技术较易掌握，可以完全靠人力操作，无需特殊施工设备。通常建楼时间安排在干燥少雨的冬季，此时正当农闲，族人可以大量参与工程，大大节省了建筑费用。

由于客家土楼用料和施工的考究，所以土楼十分坚固，特别是圆寨的坚固性最好。圆筒状结构能极均匀地承受各种荷重，不会因受力不均而影响结构，同时外墙底部最厚，往上渐薄并略微内倾，形成极佳的预应力向心状态，在一般的地震或地基不均匀下陷的情况下，土楼整体不会产生破坏性变形。由于土墙内部埋有竹片木条等水平拉结性筋骨，即使因暂时受力过大而产生裂缝，整体结构也无危险。

中国古代民间建筑

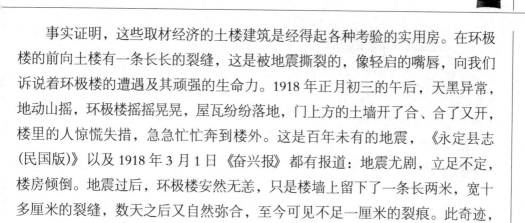

事实证明，这些取材经济的土楼建筑是经得起各种考验的实用房。在环极楼的前向土楼有一条长长的裂缝，这是被地震撕裂的，像轻启的嘴唇，向我们诉说着环极楼的遭遇及其顽强的生命力。1918年正月初三的午后，天黑异常，地动山摇，环极楼摇摇晃晃，屋瓦纷纷落地，门上方的土墙开了合、合了又开，楼里的人惊慌失措，急急忙忙奔到楼外。这是百年未有的地震，《永定县志（民国版）》以及1918年3月1日《奋兴报》都有报道：地震尤剧，立足不定，楼房倾倒。地震过后，环极楼安然无恙，只是楼墙上留下了一条长两米，宽十多厘米的裂缝，数天之后又自然弥合，至今可见不足一厘米的裂痕。此奇迹，令人感叹不已，也向世人昭示了土楼的抗震功能。环极楼的抗震功能主要是靠外环土墙和木结构框架的科学设计和配置来实现的。

地震是对地球上所有建筑物的坚固性的最大考验。历史上许多建筑物在具有毁灭性的自然灾害——地震面前不堪一击，轰然倒塌。但是土楼却承受住了地震的考验。据《龙岩地区自然灾害》记载：清朝以来，在客家人聚居地中心永定曾发生过七次地震，每次地震，客家土楼都有惊无险，未曾坍塌。今天，耸立在客家人大地上的几千座土楼，不正是屡历劫难而不倒的事实吗？

土楼的实用性不仅体现在抗震，同时还表现在对洪水冲击和暴雨侵袭的有效防御。为了解除洪水冲击的威胁，明清及以后时期建造的土楼，底部绝大多数用大块鹅卵石垒砌成坚固的石基，其高度设计在百年一遇的最大洪水线以上，土墙则在石基以上夯筑，一般洪水袭来，安然无恙。1996年8月8日，永定发生了百年一遇的特大洪涝灾害，其中金丰溪流域降雨量最为集中，金丰溪水面暴涨，冲击着土楼，可洪水过后，许多土楼岿然屹立，楼内居民的生命和财产安然无恙。

为了消除雨淋的威胁，客家人在墙顶设计出了长达3米左右的大屋檐，屋檐巨大，如盖如伞，盖上红砖赤瓦，自然不用担心大雨会淋湿墙体、剥蚀墙体。客家土楼皆处湿润多雨的闽西地区，但至今未见土楼遭雨淋而毁的记载。

第三，居住土楼的舒适感。在永定红坑土楼民俗文化村，一些村民将

一些闲置的空房间装饰一新，开起了土楼旅馆。据楼主介绍，随着旅游业的兴旺，入住率节节升高，住过土楼旅馆的外地客人感到冬无寒冷、夏无酷热、十分舒适，他们都对土楼的冬暖夏凉感到十分稀奇。

不单是游客有此感觉，本地的一些村民也能真切体会到，许多在土楼居住了半辈子的居民几乎一天也无法离开土楼，觉得还是土楼舒适。那么土楼到底舒服在哪里呢？除空气新鲜外，至少有如下两种舒服感：

一是冬暖夏凉。土楼的承重墙体厚实，除了防卫作用外，还有如同保暖瓶似的与外界气温绝缘的作用。有人说，关上门窗，土墙好像皮革把整座土楼围得非常严实，具有极好的保暖作用。到了夏天，由于土墙的隔热性能强，而且土墙的散热速度要比其他建筑材料的墙体要快，这就形成了土楼内冬暖夏凉的特点。

二是防潮防湿。潮湿，对于人体是最敏感、也是最感不适的。现代人使用空调，还得用除湿器。在土楼里不用这些，它本身就具有良好的防潮防湿作用。土楼墙体有着类似木炭一般的功能，自然而然地把墙体中的水分吸收进去，以降低房间的湿度，若空气中的湿度小于墙体的湿度，就会将墙体中的水分散发出来，以调节墙体与室内及楼内的湿度。

经有关专家的科学论证，得出了这样的结论：土楼有着奇妙的物理性，热天可以防止酷暑逼人，冷天可隔绝寒风侵袭，楼内四季如坐春风。客家土楼的冬暖夏凉及防潮防湿，是土墙所具有的独特的吸蓄与释放性能所带来的特别功能。在闽、粤、赣三省交界地区，年降雨量多达 1 800 毫米，并且往往骤晴骤雨，室外干湿度变化相当明显。在这种气候条件下，厚土保持着适宜人体的湿度，显然十分有益于居民健康。

第四，居住土楼防御安全感。四周等高且极其厚实的墙体是客家土楼最重要的特征之一，是中国传统住宅内向性的极端表现。宽厚的墙体可抵挡利器，土楼内外结构相互支撑，这是土楼良好坚固性的原因所在。城池受攻击的薄弱点是城门，土楼的攻击薄弱点也是门。为了万无一失，一般土楼的门都是厚达5 厘米以上的硬木材门，硬木厚门上包裹铁皮，铁皮一般 0.5 厘米厚，防止枪炮轰击或刀剑砍劈，门后用碗口粗的横杠抵固，横杠有时一根有时多根，闩上之后十分坚固，承受撞击能力很强。为了防火攻，客家人就在门上方设置防火水柜，一旦外敌用火攻，则楼内人从井里打水提到二楼门上方灌水，水可以顺着门扇流下来，浇灭大火。土楼厚厚的墙、窄窄的窗、粗粗的闩、坚硬的铁门，令盗贼望楼兴叹。

客家土楼如此好的防御功能的形成，主要是客家人出于对外防御和自我保护的生存需要。翻开客家迁徙史就会明白，当时恶劣的生存环境迫使客家人极其重视对外防御，他们将住宅建造成一座易守难攻的设防城市，聚族而居。土楼内水井、粮仓、畜圈等生活设施齐备，土楼使客家人获得了足够的安全保障。

土楼铜墙铁壁，固若金汤，经历了许多战火的考验，保护了一代又一代的客家人，上演了一出出"敌军围困万千重，我自岿然不动"的革命故事。如土地革命时期，永定高陂镇上洋村的遗经楼驻扎着红军独立团和赤卫队，以遗经楼为堡抗击张贞所部的围剿，红军将士依托遗经楼的坚固和楼内一应俱全的物资，坚守整整两个月，即使张贞所部采用毁灭性炸药包轰炸，接连炸了三次，却只炸出一个小口。久攻不下，张贞所部最后只好停止攻击并撤离战场。

革命战争年代，客家儿女就是以土楼为依托，粉碎了反动势力的围剿，进行了艰苦卓绝的革命斗争，播撒革命的火种，壮大革命的力量。以永定为例，当时永定全县有七千多人参加了革命，其中两千多人参加长征，六百多人参加新四军，先后有四千多名永定籍革命烈士长眠在故土或异域他乡，为新中国的诞生立下了不朽的功勋；一大批革命家经受住了战火考验和洗礼，成长为党和国家或军队的重要领导人。

客家土楼是中国革命的摇篮之一。福建省第一个农村党支部就建立在永定湖雷镇上南村一座普通的土楼——万源楼里；福建省规模最大、影响最深的永定农民暴动就发生在永定金沙乡金谷寺；在这里，还诞生了福建省第一支红军营和第一个红色政权。

可以说，客家土楼与中国革命紧紧联系在一起，难怪有人说，客家土楼是红色的，对中国革命是有功的。

土楼

三、客家土楼的文化内涵

规模巨大的客家土楼，不仅是山区民居建筑类型中的"巨无霸"，称得上是古代民居建筑中的"航空母舰"，其文化内涵也如土楼的群体一样凝重厚实，包含着精深的建筑文化、浓郁的民俗文化、传统的儒家文化、多元的信仰文化和八卦文化等等。

(一) 客家土楼精湛的建筑文化

研究土楼的专家这样说：客家土楼建筑是中国文化中一种纵观古今的结晶，是落后生产力和高度文明两者奇特的混合，它们在技术和功能上造诣极高，是"一本读不完的百科全书"。这些评说毫不过誉。

建筑本身就是科学、文化和艺术的综合体。客家土楼看似土气，但它"土"得非常自然，给人以质朴苍劲的感受，每座楼都凸现了其独特的艺术性和文化性。从土楼建造过程来考量，它在选址、建造、布局、装饰各方面都充分展示了客家先民高超的建造技术和深厚的文化修养。

土楼的建筑文化，首先表现为选址的自然性。客家土楼的选址颇为讲究，甚至可以说十分挑剔，在他们看来，楼址好不好，事关子孙后代千秋枯荣，万代兴衰。

大凡建造土楼，选址有以下几个标准做为参照：一是从有利于生活、生产、出行考虑，注重选择向阳避风、傍水近路的地方作为楼址。二是从楼的外部环境审视，以左有流水，右有山坡，前方开阔，后方坚实为最佳，要"左青龙，右白虎，前朱雀，后玄武"。这种地势不仅能够避开凛冽的北风，而且能够获得最佳的光照、清新的空气、适宜的温度和一目千里的视野。三是从风水上谋求，讲究"四忌"，即忌逆势、忌坐南朝北、忌前高后低、忌正对山寨。

四是从依山就势上把握，要看山势高低、山坡缓急选择楼址，使楼与山体、山势遥相呼应，又配比适当，彼此和谐统一。土楼选址的自然性，就足以显示客家土楼建筑集地理学、生态学、景观学、建筑学、伦理学、美学等于一体。

土楼的建筑文化，还表现为建造的科学性。土楼的建造，在选定楼址，备好黄土、沙石、木头等基本材料之后，便进入"设计阶段"。说是设计，其实就是使用原始而又简单的折线定线法，就是取一张方形纸，依横、竖、斜各对折一次，展开后纸张便呈八等分。这就成了土楼的"设计图纸"，说简单其实也包含数学、八卦等原理。因此，许多土楼建筑师虽然不是科班出身，但在长期实践中，却也成为一个名副其实的建筑"土专家"。

万丈高楼平地起。基础是建造土楼的第一个环节。建造土楼的基础工程包括挖石脚坑和砌石脚，挖石脚坑以挖到实土为主，如基础不够实则需要打地桩。砌石脚用"干砌法"，利用河里随处可见的规格不一的大小适中的鹅卵石为石脚承重。石脚一般高出地面一米左右。石脚砌好并充分风干后才可以进入夯墙环节。夯墙是土楼的主体工程，花费的时日和人力是最多的。夯墙的基本工具是墙枋、舂杵、修墙板、承板栓等。其中墙枋是主要工具，为两块长约 2 米，高约 40 厘米，厚 10 厘米的木板，其中一端装上锁板卡固定，另外一端用几块木板封住。夯筑土墙时，将承板栓放在石脚上，拴上架好墙枋，用锁板卡锁紧，然后倒上土，再用舂杵从两端开始向中间夯土。底层一般要"七上七夯"，二楼以上依次递减。

百年大计，质量第一。客家楼主一般用墙针来检验夯墙质量。墙针是一根直径为 5—6 毫米的铁钉，检查时垂直向土墙刺去，深度浅则为合格，深度深则视为不合格。

墙体夯好后，还要架梁、盖瓦、装修，整座土楼才算完工。建造土楼工期视土楼规模大小而耗时长短不一，有的两三个月，有的长达两三年，甚至数十年。土楼的建筑艺术，就是在这种科学的建造中实现的。

土楼的建筑文化，还充分体现在整体造型的多样性和布局的对称性上。我们在前面有关土楼的类型中已经讲到了土楼的繁多种类，可谓千姿百态、异彩纷呈。据土楼专家介绍，有正方形楼、长方形楼、府第式方楼、宫殿式方楼、殿堂式

土

楼

围屋、碉堡式方楼、五凤楼、三角形楼、五角形楼、六角形楼、八角形楼、吊脚楼、凹字形楼、半月形楼、曲尺形楼、圆楼、椭圆形楼、走马楼、纱帽形楼、回字形楼、一字形楼等等。每种类型的土楼的造型也在共性中凸显着各自的个性。这些个性，既出于地理环境等不同因素，也蕴含着楼主生活习俗的文化内涵。

土楼布局的对称性主要表现在三个方面：其一，明显的中轴线。无论方形楼，还是五凤楼，中轴线都相当明显。厅堂、主楼、大门、门道、走廊都建在中轴线上，横屋和附属建筑分布在中轴线左右两侧，两边对称平衡。圆楼也是如此，其大门、前堂、祖堂等都置于中轴线上，左右两边对称。其二，突出的核心点。纵观客家土楼，几乎楼楼有厅堂，楼楼有祖堂，且祖堂都是居于最核心位置，是全楼的公共空间，然后以厅堂为中心组织院落，进而以院落为中心组合群体。其三，紧连的贯通面。从土楼外表上看，似乎是一个封闭的整体；但从内部看，土楼几乎都是通廊式，各户既自成一片，又相通相连，唇齿相依，由此形成外紧内松的格局。如果将土楼比喻为一个完整的人体的话，那么中轴线就是主骨架，祖堂就是心脏，而楼道走廊就是一张密密疏疏的血管交织在一起的管网。

土楼的建筑文化还体现于装饰的简约性。土楼的外墙一般是不加粉刷的，这使土楼整体与自然环境更协调。别看土楼外表古拙粗糙，可许多土楼内部装饰极尽考究，包括窗台、门廊、檐角等也极尽华丽精巧之能事，形成外土内洋的特色。正如前文所述，"土楼王子"振成楼就是一座内部装饰华丽的艺术宫殿。

自古以来，楹联就是文学、书法艺术的承载形式。客家土楼在装饰上都会在门柱、门楣等地方镌刻各种各样的楹联，都极意味深长，趣味盎然。这些楹联，教育、激励、规劝人们积极进取，弃恶从善，自觉约束自己的行为。如振成楼正堂正中的对联为："言行法则，福果善根。"此联出自《金刚经》，是人们处世的行为准则，教育人们要遵规守矩、从善如登、从恶如崩。此外，以木刻手法镌刻于振成楼后厅堂两侧的一副对联更能够说明楼主的修养境界之高尚："振作哪有闲时少时壮时老年时时时须努力，成名原非易事家事国事天下事事事

中国古代民间建筑

关心。"这副对联不仅借用了明代顾宪成的名言，而且将振成楼名嵌在联句之中，让人过目不忘，玩味不已。可以说，如果到了客家土楼，你一定会被客家土楼中的楹联所吸引，洋洋大观、含意深远、启迪心智。

如果说，荟萃建筑艺术、装饰艺术于一身的客家土楼是一座艺术殿堂，那么点缀其中的楹联、字画、雕刻就是艺术殿堂里的一颗颗明珠，这些明珠因为年代久远，存数稀少，从而越发显得珍贵。一座土楼俨然就是一个艺术精品，一个土楼群俨然就是一座艺术宫殿，土楼不愧是中国民居建筑中的奇葩。有文这样写道："土楼选址讲究寻龙捉脉，土楼造型蕴含人文哲学，土楼布局物化血缘关系，土楼格局体现宗族意识，土楼装饰表达信仰崇拜，土楼楹联讲求寓理于教。"

（二）客家土楼传统的儒家文化

儒家文化是中国传统文化经典之一，千百年来，儒家思想在世世代代的中华儿女心中深深扎根。客家作为中华民族的一支优秀民系也深深地根植于儒家思想之中。可以说，千万座客家土楼折射出的古朴凝重、绚烂无比的中原文化，正是浸润着儒家思想的中国传统文化。

客家土楼居民兴儒兴教，丝毫不比其他地区的民系群体逊色。那些点缀在土楼建筑之上的明珠——楹联就是儒家忠、孝、礼、义、信、温、良、恭、俭、让等思想精髓的最好诠释，可以说客家土楼是凝结这些儒家思想、理念教化的实物。福建本土作家陈炎荣曾经对遗经楼的楹联进行了深入的研究，特别是对该楼的楹联"世德铭朱墨，家风式纪谌"进行了解读。他认为下联中的"纪""谌"两字是两个人的名，即为陈氏先祖、东汉桓帝时任太邱长的陈实的两个儿子：陈纪和陈谌。他们兄弟子侄直到孙辈，一大家族发展到上百人，仍然和睦相处，没有分家。上联的"朱墨"两字可解释为"红黑"两字或用朱砂制成的墨，但这里应对下联之意应是朱子、墨子两个人。全联的意思是：传世的品行应把朱子家训和墨子的博爱思想当做思想座右铭；家族的风气要

以先祖陈纪、陈谌兄弟为榜样。

土楼对于楹联的选用是相当讲究的，有的还到当时的文化城市上海去征集楹联。永定县城秋云楼的楼门楹联是："秋水一泓银涌地，云山万叠笏朝天。"寓意"富贵双全"，将楼主秋航、云航两兄弟的名字镶嵌联音，同时文字优雅且对仗工整。据说，这副构思巧妙的楹联是楼主花大钱在上海《申报》上登报征选而得，难怪有此不落俗套的妙笔。

客家人视孝为天经地义的责任，因此，客家土楼重孝思想颇为浓厚，他们笃信用"孝道"来维护家庭的伦理关系。因此，在土楼民居中，就出现许多跟"孝道"有关的楹联，如："恪守箴规，承先人崇仁尚义，允为仪式；力行孝悌，愿后嗣爱国兴家，毋忝休光""振乃家声，好就孝悌一边做去；成些事业，端从勤俭两字得来"；又如"东鲁雅言，诗书执礼。西京明诏，孝悌力田"。这些楹联，着重点都归结到"孝悌"上，告诫子孙后代，要修孝心、行孝道，继承中华民族的优良传统，要尊长敬长、长幼有序，才能构建和谐家庭。土楼里传承的忠、孝、礼、义、信对于我们今天构建和谐社会无疑具有重要的现实意义。

（三）客家土楼多元的信仰文化

客家土楼居民的信仰是多元的，主要是信仰妈祖、佛教、道教、基督教等，但佛教的信仰最为普遍，每座土楼，甚至每户人家都在中心位置的神龛里供奉观世音菩萨。在客家人的心目中，观世音菩萨是佛教的精神代表，被客家人奉为至上神圣。每逢初一、十五，客家人都会在观世音菩萨面前焚香祈福，特别在每年农历三月十九观世音菩萨的诞生日、六月十九观世音菩萨成道纪念日、九月十九观世音菩萨出家日，众多信徒更是沐浴斋戒做善事，拜观世音菩萨，祈求保佑生灵，降福赐祉。

妈祖是客家人另外一个普遍信仰的海上女神。客家人的骨子里就潜藏着不甘偏安于一隅的向外开拓扩张之精神，自古以来就有"系条裤带去过番"的传统。过番途中免不了要漂洋过海，为了祈祷过番的青壮年平安抵达目的地，人们兴建妈祖庙以寄托美好的祝福。因此，客家人中的妈祖信仰也很普遍。

　　永定高陂镇天后宫就是客家人妈祖信仰的典型代表。高陂镇天后宫又称状元塔，也称文塔。相传，明嘉靖年间，永定高陂镇状元林大钦为拜谢嘉靖皇帝所赐而兴建。该塔始建于明嘉靖二十一年（1542 年），清康熙元年（1662 年）落成，砖木结构，高达 40 余米，七层，坐南朝北，占地 6435 平方米，由大门、戏台、大宝殿和登云馆组成。其中，主殿供奉天后（妈祖）。底层为主殿，二三层周围有走廊，四五层用砖木结构，由四方体转为八方体，六七层中间用大圆木柱构建，板木为墙，最上层是葫芦顶，用名瓷圆缸垒成。塔身高耸入云，顶层飞檐配有铜铃数十个，风吹铃响，铿锵悦耳。塔下有护塔房 36 间，塔前为大厅堂，塔后是登云馆大厅、天井，大门入口处有永久性戏台一座，每年天后圣母生日在此祈祷、演戏，热闹非凡。据说，这种宝塔式宫殿结构天后宫在全国仅建三座，北京、苏州各一座，但均已坍塌，现已荡然无存，唯独高陂镇天后宫至今仍然保存完好，因此显得弥足珍贵。

（四）客家土楼神奇的八卦文化

　　客家土楼文化内涵中当数八卦文化最为引人入胜，因为八卦文化与土楼的形状紧密相连。客家土楼的八卦造型，在让游客困惑不已的同时，会发出"一座土楼简直就是一座迷宫"的赞叹。客家土楼不仅个体庞大，而且土楼内部布局也讲究阴阳八卦，加上廊道交叉纵横，错综复杂，房间门厅众多且十分相似，因此客家就有"一座土楼就是一座迷宫"的说法。一般情况下，非本楼之居民如果没有楼主引领，进入其中就像进入了一个变化莫测、神秘无比的迷宫，即使在大白天行走，也常常会在不经意中迷失方向。倘若是外地流窜而来的盗贼进入土楼行窃，则往往会晕头转向，找不到出口而束手就擒。

　　为什么"客家土楼像一座迷宫"？其根源就在于客家土楼建筑设计中融入了《易经》中的精髓"八卦"的理念。客家先民采用象征、寓意等

手法，将《易经》中的八卦理念与地形、水势、风向奇妙灵巧地统一起来，建造出一座座按八卦布局、以阴阳为本的神奇美妙的惊世骇俗之杰作。如果你从高空俯瞰，你会发现土楼与楼外的山峦、溪河、道路十分协调地融合交织在一起，因为客家先民对土楼的选址以阴阳、五行及方位定凶吉。如果你拿出指南针对照，你会发现客家土楼大多坐北朝南，这种坐向，受《易经》八卦之左右。在《易经》六十四卦中"阳尊阴卑"观念的影响下，一般侧重背阴面阳。因此，在客家民间有"南田北屋"之说。

如果你稍稍留意，还会发现客家土楼特别是大型的土楼如振成楼、承启楼、二宜楼等楼内一般挖有两眼水井，且两眼水井呈东西或南北对称，象征日月或影射太极图案中两条头尾相咬的阴阳鱼的眼睛。因此，有人说一座土楼就是一幅太极图形。如果你略懂一点《易经》学、风水术，并认真进行研究，你会发现许多客家土楼的内部构造是按八卦图形精心布局、巧妙设计的，中华传统文化深深地铭刻其中。

客家人为什么要循八卦建造土楼？首先，有其历史渊源。客家先民从中原迁徙而来，中原不仅是中华民族的发源地，也是中国传统文化的发源地，中华传统文化思想影响根深蒂固，而八卦又是中华传统文化中的经典之一，所以客家人在建造居住的楼房时，依形就势加以运用，是传承与发展中华传统文化的必然结果。其次，有其现实的需要。客家先民经过数代的迁徙，经历自然与社会种种艰难险阻，而八卦自古以来，便被人们用以排兵布阵、抵御敌人，在设计、建造土楼时运用八卦，自然是出于安全、自卫的需要。再次，这种建筑形制还体现了客家人的聪明睿智。客家民系是中原南迁而来的六大民系之一，既有聪明睿智、心灵手巧的中原汉民族的血统遗传，又具备了敢想、敢干、敢为人先的胆识，建筑出富有八卦内涵的土楼，正是客家先民聪明才智的体现。

时间如水，悠悠流淌了几千年，客家先民在他乡异地建筑自己的家园时，把《易经》八卦理念运用到独特的民居建筑中，并与时代精神、人文理想等结合得如此完美，不仅再现了中华传统文化的瑰丽色彩，而且创造出了世界上独一无二的神奇的山区民居建筑。

（五）客家土楼异样的民俗文化

客家民系的真正形成，也许只有短短的几百年历史，然而客家人所创造的绚丽多姿的文化、独特的风情风貌却可以说是源远流长。一方面，客家人在由北向南的长途跋涉和频繁的迁徙中，不仅保留了古老汉民族固有的优秀文化传统，与古老的汉民族文化一脉相承；另一方面又不断吸收闽越畲族、瑶族等少数民族的优秀文化，从而形成了独具特色的客家民俗文化。

客家作为从中原迁徙而来的南方六大民系之一，不仅继承了汉民族传统的民俗民情，如过春节守岁、元宵节闹花灯、清明节祭祀、端午节赛龙舟、重阳节登高等传统习俗，而且也因经长时间、广地域的迁徙，与不同地域的民俗相互交融、互相渗透而形成了具有与其他民系截然不同而又富有乡土气息的独特民俗风情，如舞龙、舞狮、擂大鼓、闹古事、迎花灯、木偶、十番演奏、客家山歌等。民风之古朴，异彩之纷呈，无不突显出客家民俗风情的独特魅力，象征着土楼人家对幸福和美好未来的追求。

概括地说，居住在土楼里的客家人仁心敦厚、团结友爱、和善睦邻、热情好客、民情淳朴、乡风文明。走进客家土楼，融入客家人的日常生活，你定会为丰富多彩、情真意切的客家民俗风情所深深陶醉。

走进客家土楼，你定会被客家人优美动听的山歌所吸引。客家人不仅善良热情、勤劳质朴，而且能歌善舞，在辛勤劳作之余缘情而发、即兴而唱，创作出具有地方特色的山歌、小调、竹板歌、民谣等，以此表达丰富的情感和美好的愿望。其中，尤以其韵味十足的原生态山歌，让人听后萦绕于耳，回味无穷。山歌大多为"单调"，其中以羽调式为主，徵调式为次。歌词的结构，每首四句，个别也有五句，每句七字，如："一树杨梅半树红，哥是男人心要雄；只有男人先开口，女人开口脸会

土楼

红。"在客家土楼，常常会传来一阵阵雄浑、高亢、悠扬的客家山歌。这些年来，客家山歌以其独特的唱腔、格律、音调走俏世界各地，先后在日本、韩国、美国、英国、西班牙、印度等二十多个国家和地区唱响。

俗话说："百里不同风，十里不同俗"。走进客家土楼，你定会被客家人独具特色的民间风俗所吸引。其中最具代表性的风俗活动要数坎市的"打新婚"、陈东的"四月八"、湖坑的"作大福"、抚市的"走故事"等等，精彩纷呈的风情习俗，让人目不暇接。

此外，客家土楼的民间礼俗，与其他汉族地区大致相同，主要有婚礼、丧葬礼、寿礼、小儿弥月礼、新屋落成礼、入学高中礼等。与许多地方的民间礼俗有所不同的是，土楼里客家人的各种礼俗都有不同的寓意，且十分深刻。婚礼自始至终都洋溢着喜庆热闹的气氛，丧礼重在教育人们行孝守孝做孝子贤孙，寿礼则弘扬了尊老敬老的传统风尚，小儿弥月礼寄托了长辈的殷切期望和美好祝福，入学高中礼渲染的是鹏程万里的祝贺和光宗耀祖的荣耀，新居落成礼是人们在品尝劳动成果的喜悦……

走过土楼各村各寨，领略客家人所创造的五彩纷呈的文化和千姿百态的民俗风情，将会留下难以忘怀的记忆。勤劳智慧的客家儿女在用自己的双手建造起了世界上独一无二的土楼民居建筑这一辉煌巨制的同时，也以其分外精彩的民俗风情为家乡赢得了"文化之乡"的美誉。

四、客家土楼与客家精神的影响

土楼作为客家人建筑艺术的杰作和智慧结晶，从几百年上千年的历史深处巍巍而起、款款而来，不仅给中国乃至世界民居建筑增添了无穷的魅力，也对世界建筑和人类文化产生了巨大的影响。

客家土楼的影响源于客家土楼所承载着的客家精神。客家土楼所培育的客家精神，包括团结一心之精神、敦亲睦族之精神、开拓进取之精神、崇文重教之精神。

团结一心之精神

客家人因团结而聚族，因聚族而居，故建造偌大的土楼家园，因偌大的土楼家园又把客家人更好地团结起来。一个家族少则数十人，多则数百人，共居一楼，和睦相处的景象在客家随处可见，无论是楼名还是楼规民俗，都充分体现了高扬的家族凝聚意识。就楼名而言，永定初溪村的"集庆楼""余庆楼""善庆楼""共庆楼""华庆楼""福庆楼"等等，"庆"字辈土楼把家族的和睦团结体现得淋漓尽致。

敦亲睦族之精神

每一座土楼中祖堂都居于最为中央的位置，就足以证明客家人敦亲睦族的精神。另外，还有一例更能说明客家人重宗亲的思想。20世纪蜚声海内外的万金油大王、报业巨子、爱国侨领，祖籍福建永定的客家人胡文虎先生当时用人始终坚持两个原则：一是"我怀疑的人就不用，用了就不怀疑"；二是"先取子侄，后为族人，再是外才（最好是客籍）"。可见胡文虎先生敦亲睦族思想的根深蒂固。据载，当时永定籍的胡桂庚和林霭民曾经是胡文虎药业和报业两要台柱子。从20世纪20年代末到50年代前期，客家人在"星系"报业担任过社长、经理、主笔、编辑等高级职务的就有43人，各报的社长、经理、编辑除了其同乡之

外，均为子侄和宗亲。由此可见客家土楼敦亲睦族思想观念之一斑。

开拓进取之精神

客家本土人口并不是很多，但在海外的客籍华侨却有百万之多，客家人总是保持积极开拓和进取的精神。因而"小富即安、小富即稳"的思想很难寻觅，所以历史上"系条裤带去过番"成为一个地方的独特景观，许多客家男子为了寻求更大的发展空间，纷纷通过亲戚朋友的牵线搭桥，漂洋过海，创家立业。到新加坡、印尼、缅甸等南洋各地去拓荒，他们是南洋地区现代文明的奠基者和传播者。永定大溪乡现居住人口不过万余人，但在海外的华侨却多达三万多人；下洋中川现在只有人口两千多人，但在外华侨却多达一万多人。在这个古香古色的南方古村落里徜徉，你会时不时看到客家名人的故居，故居里的人会说出串串令他们无比自豪的名字，如胡文虎、胡文豹、胡子春、胡仙；还有那胡家祖祠高高耸立的石桅杆，显示出胡家人才辈出，辉煌鼎盛。客家华裔在外影响也是十分深远的，如抗战捐资第一人、万金油大王胡文虎，锡矿大王胡子春等等。

崇文重教之精神

古往今来，客家人这个优良传统最为明显，无论是在居无定所的迁徙过程，还是在耕作劳作之余，客家耕读之风总是保持极高的水平。这是中原士族"万般皆下品，唯有读书高"耕读遗风的继承和发扬。这个精神在客家土楼中体现得最为明显，因为每一座土楼几乎都有私塾或学堂。比较著名的土楼如二宜楼、振成楼、衍香楼等，都把学堂当做楼的一部分包容进去。如振成楼的学堂是命名为"醒庐""超庐"的附属建筑；衍香楼的学堂有文舍也有武馆，福裕楼的学堂为"日新学堂"等。

对于客家人的"崇文重教"，法国的天主教教父赖查理斯在一份报告中这样写道："在一个不到三四十万平方米的地方，我们随处都可见到学校的创设，一个不到三万人的乡镇就有十所中学和数十所小学，就学的人数几乎超过了全乡镇的一半。在乡下每个村落，尽管那里只有三五百人，至多亦不超过三五千人，便有一个以上的学校。因为客家人每一个村落里的祠堂，就是他们的学校。全境有七八百个村落，就有七八百个祠堂，也就是七八百所学校。按照人口比例来计算，中国乡镇很少有这样的高比例，就是与欧洲各国相较，亦不多见。"

客家土楼中还传颂着"五代翰林院""兄弟双进士""一楼十博士""一家五医生""一镇三院士"等故事，讲的就是永定坎市青溪村廖氏家族五代人中，从康熙至光绪年间，共出了五个翰林、两个进士、七个举人，其中廖寿恒、廖寿丰兄弟二人官至巡抚、尚书。"一楼十博士"指的是永定高头乡的侨福楼江姓家族在新中国成立至今出了十个博士。"一家五医生"是指永定凤城镇书院郑姓人家出了五位医生。"一镇三院士"是指永定坎市镇早在 20 世纪 50 年代就出现了"学部委员三院士"的传奇人物，分别是原中国科学院院长卢嘉锡，中国科学院南京古生物研究所副所长、地址古生物学家卢衍豪，中国科学院物化所色谱研究室主任、化学家卢佩章。1985 年，中国学部委员不过三百人，而坎市居然占了三位，占总数的百分之一。

客家土楼名声鹊起，源于世界乡村旅游热的兴起。20 世纪 90 年代开始，以历史悠久、风格独特、规模宏大、结构精巧、功能齐全、内涵丰富而闻名于世，在中国传统古民居建筑中独树一帜，被誉为"世界上独一无二、神话般的民居建筑奇葩"和"东方文明的一颗璀璨明珠"的客家土楼，在一浪高过一浪的乡村旅游热潮中日渐走红，成为世人瞩目的焦点。

曾几何时，客家先民建造精彩绝伦的独特家园，只是为家族的团结、对外防御和对内居住的舒适，何曾想过，当历史的扉页翻到 20 世纪末和 21 世纪时，与自己朝夕相处的土楼会引起全世界的瞩目。

客家土楼除了高超的建筑艺术价值、丰富的民俗文化价值外，还涵盖了深邃的历史价值、精湛的建筑科学价值，代表一种独特的建筑艺术成就和一种创造性的天才杰作，是中国古代建筑的活化石，它能够为已经消逝的文明提供独特的实物见证。好事总是多磨，经过漫长而又艰辛的十年"申遗"道路，终于在加拿大魁北克 2008 年 7 月 2 日至 10 日的第 32 届世界遗产大会上，世界遗产委员会投票通过了最新一批世界文化遗产，客家土楼被正式列入《世界遗产名录》，申遗的成功，既是荣誉，又是一种责任，它意味着中国对全世界的承诺，更要努力用尽各种方法来为全人类保护好这份遗产。古老的土楼蕴

含着丰富的时代精神，这也是土楼的"独一无二"之处，是比世遗本身更珍贵的遗产。我们应该"学而时习之""温故而知新"，最终超越先人，为子孙后代留下更珍贵的遗产。否则，面对弥足珍贵的遗产，我们只能汗颜，而且先人的遗产越辉煌，我们的惭愧就越深重。

碉　楼

　　开平碉楼被誉为"华侨文化的典范之作""令人震撼的建筑
文艺长廊"。它见证了数百年的沧桑历史，记载了多变的世态民
情，是融中西建筑艺术于一体的华侨乡土建筑群体。"依山居
止，垒石为屋，高者至十余丈"是对羌族碉楼最早的记载。古羌
族碉楼的建筑技术是华夏文明一颗耀眼的明珠，也是世界建筑史
上的奇迹，羌族碉楼被法国建筑学家称为"世界建筑明珠""东
方金字塔"。

一、碉楼的故事

（一）碉楼的功能

在文明早期，人们以氏族为单位组织生活、生产并共同抵御外敌入侵。这时候出现的是"依山据险，屯聚相保"的聚落联防形式，并且防御性的单独碉楼在碉楼与村寨关系中占主导地位。单独的碉楼分设在一寨或几寨的隘口或咽喉之地，又称烽火碉，它起瞭望和前哨防御功能。

随着社会、经济和文化的发展，氏族社会转入以家庭为单位的家族社会形态。碉楼发展的更深层次则是与住宅在空间上结合，形成了在村落整体防御之外家庭的第二道防御屏障。

（二）碉楼的足迹

碉楼民居在国内的分布集中在川西北的羌、藏少数民族地区、四川盆地汉族地区，以羌族碉楼为代表；赣南和闽粤客家地区以及广东五邑地区，以开平碉楼为代表。

二、寻找碉楼的"足迹"

（一）开平碉楼——中西合璧

1. 追溯开平碉楼

开平地势低洼，河网密布，而过去水利失修，每遇台风暴雨，常有洪涝之忧。加上其所辖之境向来有"四不管"之称，社会秩序较为混乱。因此，清初即有乡民建筑碉楼，作为防涝防匪之用。鸦片战争以后，清政府统治更为颓败，开平人民迫于生计，开始大批出洋谋生，经过一辈乃至数辈人的艰苦拼搏渐渐有些产业。到了民国，战乱更为频仍，匪患尤为猖獗，而开平因山水交融，水陆交通方便，同时侨眷、归侨生活比较优裕，故土匪常集中在开平一带作案。华侨回乡，常常不敢在家里住宿，而是到墟镇或亲戚家去，且经常变换住宿地点，否则即有家破人亡之虞。后来，一些华侨为了家眷安全和财产不受损失，在回乡建屋时，纷纷建成各式各样碉楼式的楼房。这样，碉楼林立逐渐成为侨乡开平的一大特色，最多时达 3 000 多座，现存 1 833 座。

2. 中西文化的融合

开平碉楼罕有地体现了近代中西文化在中国乡村的交融，它融合了中国传统乡村建筑文化与西方建筑文化的独特建筑艺术，成为中国华侨文化的纪念丰碑，也是那个历史时期，中国移民文化与不同族群之间文化相互影响、交融的产物。中国领土上西洋特色的建筑，大都是洋人用坚船利炮"打"进来的，带有西方殖民者硬性移植的色彩；而开平碉楼，却充分体现了华侨主动吸取外国先进文化的一种自信、开放、包容的心态，他们把自己的所见所闻，加上自己的审美情趣，融注在千辛万苦建成的碉楼上，不同的旅居地，不同的审美观，造就了开平碉楼的千姿百态。

3. 中西合璧的造型

开平碉楼有中国传统硬山顶式、悬山顶式，

也有国外不同时期的建筑形式、建筑风格，如古希腊的柱廊、古罗马的券拱和柱式、伊斯兰的叶形券拱和铁雕、哥特时期的券拱、巴洛克建筑的山花、文艺运动时的装饰手法以及工业派的建筑艺术表现形式等等。它不单纯是某一时期某一国家某一地域建筑艺术的引进，而是整个世界的建筑艺术都融进了开平的乡土建筑之中，因此我们无法将开平碉楼和民居具体归入某种西方建筑风格。准确地讲，它应该是中外多种建筑风格"碎片"的组合，是多种建筑类型相互交融的产物。

（二）羌族碉楼——活化石

羌族是我国最古老的民族之一，在民族的发展过程中，形成了富有自己民族个性特征的文化。羌族碉楼作为无言的历史，是羌族文化的见证，早在《后汉书》中就有对羌族碉楼的记载。可以说羌族碉楼文化就是羌族历史文化的一个写照，羌族碉楼文化的传承和保护是延续羌族文化的火焰。1988年在四川省北川县羌族乡永安村发现的一处明代古城堡遗址"永平堡"，历经数百年风雨沧桑仍保存完好。

1. 追溯羌族碉楼

羌族早期是一个以养羊为主的游牧民族。羌碉的出现，是羌族逐水草而居转向农耕经济定居生活的一个标志。

迁徙后的羌族首先要选择一个地方定居下来，为了生存和防御的需要，定居在了河谷两岸险峻的山腰或者山顶。岷江、湔江、涪江上游地区的片石、青石、鹅卵石，以及山间的黄泥青枫、楠木等木料，构成了建筑羌碉的优质自然材料。于是在生存、防御等需要的基础上，羌人开始"垒石为碉"。根据羌族史诗《羌戈大战》记载，羌人在迁徙的途中遇到了种种困难，而能够成功定居下来，离不开天神的庇护，所以在精神世界的需求下，原始宗教的意识也融入了羌碉之中。可以说，羌碉的出现与物质生存需求、精神宗教需求是分不开的。

由游牧到农耕，环境的巨大改变，羌民族不得不由"攻"转"守"，防御能力的强弱直接决定着生存质量的高低。西汉时，冉龙羌人为了加强防守，于公元前111年汉武帝平西南夷之前开始大量修建羌碉备战。随着防御要求的增加，此时羌碉的形态由低层、棱角少向高层多棱碉发展。东汉的暴政也使整个西北、西南羌族地区大规模建造碉楼。由此可见，碉楼产生于西汉之前，而兴盛于汉，兴盛的地区主要分布在岷江、湔江、涪江上游等冉龙羌人、白草羌人等地区。

2. 羌族古碉楼震不垮的奥妙

1933年茂县叠溪发生7.5级大地震，茂县附近的羌碉寨房都无大碍。1976年松潘、平武7.2级大地震，直线距离仅有60公里的88座黑虎群碉仍屹立不倒。2008年5月12日，四川龙门山断裂带上8级浅表性地震，处在此位置上的理县桃坪羌寨仍完好无损。由此可见碉楼的抗震性能，也可以看到羌碉在人类战争和自然战争双重压力下的抗争生存。

中共中央党校文史部教授徐平介绍说，碉楼之所以能够抗震，可能跟下面的几个原因有关：第一，施工时，先挖地基，一般挖至硬岩，以基岩为基础。第二，墙体全部用毛石砌成，砌筑时石块的大头向外，交接处要采用"品"字形结构。第三，墙体均做收分处理，下半部多于上半部，以降低重心，增加稳定性，形成类似金字塔的坚固结构。

同时，在砌造墙体的过程中，建筑师还要将麦秆、青稞秆和麻秆用刀剁成寸长，按一定比例与黄胶泥搅拌后接缝，使泥石胶合。这种黏合剂不但能起到很好的连接和铺垫作用，也能增强整个砌体的刚度和强度。

碉楼不倒的另一个奥秘，可能是碉楼每个房间的面积大多只有3-4平方米。每一间都结合得非常紧密，甚至连开窗也特别小。

碉楼的墙体都很厚，不但外墙厚，房间之间的隔墙也很厚，这有效地增强了碉楼的抗震性。川陕总督张广泗在久攻不下大小金川后，曾向乾隆诉苦说，用劈山大炮攻击碉楼，"若击中碉墙腰腹，仍屹立不动，唯击中碉顶，则可去石数块，里面的人则安然无恙"。

三、解读碉楼

1. 羌族碉楼的建筑

羌碉的建造首先要考虑选址，选址的责任由羌族文化传承者"释比"担任，羌寨一般都建在河谷两岸较为险峻之处。释比同时要举行开坛仪式，请求天神的保护，建造坚固的羌碉。

选好地址后，地基一定要挖至坚硬的山石处。然后是确定建造碉楼的外形，是多少楼角的，以便配合好材料。羌碉垒至一层或两层时，需要考察一段时间，在日晒雨淋中了解整体是否合格，并决定是否继续加层修建。精湛的羌碉建筑技术使得整个过程不需要挂墨吊线。

羌碉地宽顶窄，下大上小，墙体从下至上逐渐向内倾斜，形成巨大的向心力，保持了良好的坚固性。羌族工匠在建造羌碉时每一项指标都要重点考虑抗震系数。羌族生活在汉藏之间的一个地震活跃地带，羌碉就建在岷山山脉、龙门山山脉等断裂带，然而在这样一个危险的断裂带上，历经千年的羌碉却能完整保存至今。

2. 开平碉楼的建筑

开平碉楼是世界先进建筑技术广泛引入中国乡村民间建筑的先锋。近代中国城镇建筑已经大量采用了国外的建筑材料和建筑技术，开平碉楼作为一种乡土建筑也大量使用了进口水泥、木材、钢筋、玻璃等材料，钢筋混凝土的结构改变了以秦砖汉瓦为主的传统建筑技法，这为更好地发挥它的使用功能，同时又为注意形式的变化和美感创造了条件。开平的华侨和工匠是西方先进建筑材料和技术的引进者。

（1）开平碉楼的影像

开平碉楼为多层建筑，远远高于一般的民居，便于居高临下防御；碉楼的墙体比普通的民居厚实坚固，不怕匪盗凿墙或火攻；碉楼的窗户比民居开口小，都有铁栅和窗扇，外设铁板窗门。碉楼上部的四角，一般都建有突出悬挑的全封闭或半封闭的角堡（俗称"燕子窝"），角堡内开设了向前和向下的射击孔，可以居高临下地还击进村之敌；同时，碉楼各层墙上开设有射击孔，增加了楼内居民的攻击点。

（2）开平碉楼的分类

首先，从建筑材料来分，大致有以下四种：

钢筋水泥楼。这种楼多建于20世纪二三十年代，是华侨吸收世界各国建筑不同特点设计建造的。整座碉楼全部用水泥、砂、石子和钢筋建成，建成之后，极为坚固耐用，但由于当时的建筑材料靠国外进口，造价较高，为节省材料，也有的在内面的楼层用木阁组成。

青砖楼。青砖碉楼包括内泥外青砖、内水泥外青砖和青砖砌筑三种。内泥外青砖，这种碉楼，实际上就是上面说的泥砖楼，不过，它在泥墙外表镶上一层青砖，这样，不但美观，而且可以延长碉楼的使用寿命。内水泥外青砖，这种碉楼的墙，表面看上去是青砖建筑，其实是里、外青砖包皮，中间用少量钢筋和水泥，使楼较为坚固，但又比全部用钢筋水泥省钱，且保持美观的特点。青砖楼，全部用青砖砌成，比较经济、美观、耐用，适应南方雨水多的特点。

泥楼。包括泥砖楼和黄泥夯筑楼两种。泥砖楼是将泥做成一个个泥砖晒干后用作建筑材料。为了延长泥砖的使用寿命，工匠们在建筑泥楼时，往往在泥砖墙外面，抹上一层灰沙或水泥，用以防御雨水冲刷，从而起到保护和加固的作用。黄泥夯筑的碉楼是用黄泥、石灰、砂、红糖按比例混合作为原料，然后用两块大木板夯筑成墙。这样夯筑而成的黄泥墙，一般有一尺多厚，其坚固程度可与钢筋水泥墙相比。

石楼。即用山石或鹅卵石作建筑材料，外形粗糙、矮小，却坚固耐用，这种碉楼数量极少，主要分布在大沙等山区。

其次，从使用功能上看分为三类。

众楼。出现最早，建在村后，由全村人家或若干户人家共同集资兴建，每户分房一间，为临时躲避土匪或洪水使用。其造型封闭、简单，外部装

碉
楼

155

饰少，防卫性强。

居楼。居楼数量最多，也多建在村后，由富有人家独资建造，它很好地结合了碉楼的防卫和居住两大功能，楼体高大，空间较为开敞，生活设施比较完善，起居方便。居楼的造型比较多样，美观大方，外部装饰性强，在满足防御功能的基础上，追求建筑的形式美，往往成为村落的标志。

更楼。出现时间最晚，主要建在村口或村外山岗、河岸，它高耸挺立，视野开阔，多配有探照灯和报警器，便于提前发现匪情，向各村预警，是周边村落联防需要的产物。

（二）开平碉楼的风采

1.抗日据点

开平碉楼，在抗日战争后期，为阻止日寇开辟四邑直通两阳之捷径——由新会、江门出广州，连结成一条由南路向广州撤退之交通线，起过一定作用。其中，以坐落在赤坎镇腾蛟村的南楼最为出名。南楼，位于开平市赤坎镇腾蛟村，南临潭江，扼三埠至赤坎水陆交通之要冲，地势险要。1912年，司徒氏人为防盗贼而建此楼。楼高7层19米，占地面积29平方米，钢筋混凝土结构，每层设有长方形枪眼，第六层为瞭望台，设有机枪和探照灯。抗战时期，司徒氏四乡自卫队队部就设在这里。1945年7月16日，日寇为了打通南路干线以便撤退，从三埠分兵三路直扑赤坎镇，国民党军队闻风而逃。司徒氏四乡自卫队的勇士们凭据南楼抗击日军，给敌人以沉重打击。17日赤坎沦陷。当日晚，日军从陆路包围南楼。由于敌我力量悬殊，又无援军，自卫队部分队员在激战中突围出去，留下司徒煦、司徒旋、司徒遇、司徒昌、司徒耀、司徒浓、司徒炳等七名队员坚守南楼，战斗七天七夜，重创日军。在弹尽粮绝的情况下，七勇士把枪支砸毁，在墙上写下遗言：誓与南楼共存亡。日军久攻不下，调来迫击炮等重型武器进行轰击，但因楼房坚固，不能奏效。最后，灭绝人性的日寇向南楼施放了毒气弹，七壮士昏厥后被捕，敌人把他们押赴赤坎司徒氏图书馆的日军大本营，施以酷刑后残暴杀害，并将烈士遗体斩成数段抛入江中。抗战胜利后，开平人民在赤坎镇召开追悼大会，开、恩、台、新四邑3万多人参加了大会，足见烈士的英勇事迹深得人心。

2.共产党地下活动场所

开平境内不少碉楼在各个革命阶段共产党开展的革命活动中起过积极的作用。 1942年，经过共产党员关仲的艰苦工作，开平第一个农民协会——百合虾边农民协会宣告成立，关以文被选为农会会长，他经常利用自己的碉楼"适楼"与委员们研究农会事务，开展各项活动。1938年8月18日，中共开平特别支部在塘口区以敬乡庆民里谢创家的碉楼"中山楼"开会宣告成立，谢创被推选为特支书记。会上，确定以抗日救亡为中心，领导开平人民开展抗日救亡运动，使开平革命斗争进入新的阶段。"中山楼'是谢创同志的父亲谢永珩先生于1912年兴建，为纪念孙中山而取名。在抗日战争时期，"中山楼"一度是开平党组织的重要活动中心，中共开平特别支部、区工委、县委和中共四邑工委、广东省西南特委等领导机关均曾在"中山楼"设立，各种革命活动的研究、布置，都在这个碉楼里进行。因此，这个碉楼成为当时抗日救亡运动的指挥中心，在开平抗日救亡运动中发挥了重要作用。

（三）碉楼的文化

1. 羌族碉楼——石头写成的历史

羌族碉楼记录了羌族人民对文化的创造和追求，其独特的文化与华夏主流文化差异较大，赋予世界文化以丰富的内涵，有着较高的欣赏价值和保留价值。

羌碉不仅反映了羌族古代文化，而且还包含着浓厚的宗教色彩。羌人为了表达自己对所崇拜神灵的笃信，抒发自己炽热的情感，也为了一切崇拜仪式的开展和进行，他们将自然界的诸神或有祖先崇拜性质的家神等许多种不同的神灵供奉在家里。

在一进碉房的左前方屋角就设有神龛，用木板制成，下面贴有灶薇花，羌人称之为神衣。在神龛上一般供有家神，泛称角角神，是羌家镇邪的保护神，掌管家中全部事务。包括祖先神（莫初）；女神（西怕露），保佑妇

 碉楼

 157

女工作之神；男神（密怕露），保佑男子工作之神；牲畜神（油扎麦次巴杂色），保佑六畜兴旺的神。除此之外，神龛里还分上中下三层供奉着所有的内神外神，可达十几种。在神龛边专门设有财神（比阿娃色）的神位，代表招财进宝。在神龛下房屋中心设有火神（蒙格色），称为"锅庄"，即在火塘上放一铁或铜、石质的三足架（希米），在右上方一脚系一小铁环，这便是火神的神位。它既是羌人对火的崇拜的表现，又吸收了汉族灶神的概念。火塘里的火种终年不熄，有"万年火"之称。平时全家聚会、接待客人、节日歌舞以及祭祀祖先等都在锅庄旁边进行，但任何人不得跨越火塘，不能在火塘边吵架或说不吉利的话，否则被视为冒犯神灵。

另外，在粮仓和存放贵重东西的地方设有仓神（贝格色），守管家庭粮食和财物。在门上有门神（迪约泽色），又分左门神（独蒙色）和右门神（那蒙色）。羌人常说"千斤的龙门，四两的屋基"，可见他们对大门看得相当重。门神可以挡住三灾六难，破败是非，放进人财二友。

羌族将地位最高、最神圣的天神以乳白色的石英石（阿渥尔）作为象征，供奉在屋顶四角以及小塔的塔尖上。他们相信天神能主宰万物，祸福人畜，能避邪免灾，为本民族最高的保护神，也代表房屋神，保佑住房的稳定安全。

此外，从事专门行业的家庭，还供有各自行业的祖师神。如端公（许，即巫师）家里供有"猴头神"；医生家里供"药王神"；石匠家里供"石匠神"；木匠家里供"鲁班"；铁匠家里供"太上老君"……一些受汉族影响较深的地区，还供有"天帝君亲师"位。

2. 问碉楼——融化在音乐中的羌碉

问我神、问我神、问我神、问我神……

哦……嗬…….

屹立在山间的碉楼 哦嘞学

有谁知道你的心

水中倒影的小路 哦嘞学

千里荒原月独明

屹立在风中的碉楼　　哦嘞学
我最知道你的心
天空徘徊的羌鹰　　哦嘞学
声声呼唤却为谁
碉楼哟　尤西里热纳　舍
碉楼哟　尤西里热纳　舍
碉楼哟　尤西里热纳　舍
碉楼哟　尤西里热纳　舍
啊嗨
借一块你的石砖　　舍卓
垒起我的梦想
借一盏你的灯光　　舍卓
照亮我的远方
借一把你的羌土　　舍卓
抚平我的忧伤
借一只你的羌笛　　舍卓
伴着我歌唱
碉楼哟　尤西里热纳　舍
碉楼哟　尤西里热纳　舍
碉楼哟　尤西里热纳　舍
碉楼哟　尤西里热纳　舍
啊嗨
借一块你的石砖　　舍卓
垒起我的梦想
借一盏你的灯光　　舍卓
照亮我的远方
借一把你的羌土　　舍卓
抚平我的忧伤
借一只你的羌笛　　舍卓
伴着我歌唱

借一块你的石砖　　舍卓

垒起我的梦想

借一盏你的灯光　　舍卓

照亮我的远方

借一把你的羌土　　舍卓

抚平我的忧伤

借一只你的羌笛　　舍卓

伴着我歌唱

问我神、问我神、问我神、问我神

问我神、问我神、问我神、问我神

问我神

3. 开平碉楼楼名及楹联文化

（1）楼名文化

迎龙楼。建于赤坎镇芦阳村三门里，是最早修建的碉楼。该楼按族谱记

载，约建于明嘉靖年间，倡建者为"圣徒祖婆"；占地 152 平方米，红砖土木结构，墙厚 93 公分，楼高三层，初名"迓龙楼"。

芦阳村位于罗汉山下游，每每大雨降临、山洪爆发，村人就得收拾细软，携男带女逃往高处。圣徒祖阿婆见此情况，于是变卖首饰并发动村人集资修建了"迓龙楼"。取名"迓龙"，其含意是，善待龙王，并与其为友，使它臾再生洪水为害村民。事实上，"迓龙楼"建成后，天灾人祸依然不断，

但它在很长的一段时间内也真正担当起为村民消灾避祸的壁垒的作用。

1919 年，村人见楼体破烂，集资重修，拆第三层用青砖重建，并顺潮流使用新文化更名为"迎龙楼"。

无独有偶，在现存的碉楼中，大沙镇大塘村也有一座"迎龙楼"。该楼约建于清代同治年间，楼高三层，占地二十多平方米，保存较为完好，可惜楼上字迹已剥落。大沙五村处有座状元山，龙是从山毛岗经水桶坳回状元山的。建此楼就是希望将他迎来此地，歇歇脚，显显龙气。

（2）楹联文化

塘口镇四九村虾潮里吴朝林，居楼取名曰"中安"，为表心意，特意刻了一副对联"中原有备，安土能耕"，忧国忧民之心跃然纸上，如今读之，依然生出几分敬意来！

塘口虾潮村的众人楼名称被村人拟定为"群安楼"，其对联为"群居自乐，安业同欢"，倘真能如此，那距陶渊明之"童孺纵行歌，斑白欢游艺"的理想桃花源相去不远矣。

塘口镇龙和村旅美华侨陈以林于1921年归乡建了一座四层高的居楼，命名"居安"，并郑重其事地题了副门联："居而求志，安以宅人"，将愿望挂在门前以明志。百合镇儒北村均安里的"双安楼"，其拟就的楹联"行道有福，与德为邻"，侨梓双方互祝互勉、盛意拳拳。

塘口龙和村龙蟠里吴龙宇、吴龙其兄弟建了一幢四层楼的居庐，取名"永福"楼，并在门前加添了对联作注脚"永久骈簪如广厦，福常宠锡在本楼"。道出自己建楼可利己利人，有杜甫"安得广厦千万间，大庇天下寒士俱欢颜"之风，又希望新楼既立，能更得父母理解、恩宠，表达共谋幸福、永享天伦的心路。

在赤坎虾村新村，20世纪二三十年代由旅居加拿大的关姓华侨兴建，十多座碉楼各具风姿，其中最早前往加拿大并回乡带领村中兄弟外出闯世界的关国暖，将居楼建得如庄园一般华丽讲究，自命名为"如春楼"，道出归田享福之意。然而这位老侨领却又在门口拟了副颇带政治色彩的对联："国光勃发，民气苏昭"；神楼联为"先代治谋由德泽，后人继述在书香"，爱国爱家之情兼而有之。

塘口自力村的"云幻楼"，为我国著名铁路建筑专家方伯梁的弟弟方伯泉建的"私家碉楼"，方伯泉是个读书人，青年时出外谋生，晚年回乡见祖居为两座平房，喊起贼来无处可躲，于是在1924年用积蓄在村后购地建起了外观壮美的碉楼。方伯泉目睹时局纷乱、盗匪横行，一生中庸笃厚、不爱争强好胜的他，为碉楼取了个颇有禅意的名号"云幻楼"，并在顶层天棚门口上写上横批"只谈风月"，门两侧用厚木板刻上自己亲拟的门联"云龙风虎际会常怀怎奈壮志莫酬只赢得湖海生涯空山岁月；幻影昙花身世如梦何妨豪情自放无负此阳春烟景大块文章"，不愧为夫子襟怀才子笔也。

四、感受碉楼的民俗风情

（一） 羌族的民俗风情

1. 羌族的民间传统风俗——接"龙"

接"龙"是羌族少数地区的民间传统，主要流传地区为阿坝藏族羌族自治州汶川县。

春节前夕，人们首先要扎成一条九节长龙，但是到了接"龙"的时候就不一定是九节长龙了，而是因地大小而宜；要龙的人则是由凑分的户头出一个壮小伙；配乐的老人是自愿参加的。

接"龙"的时候很简单：晚饭后，主家要准备好"九碗"（包括坚果、香肠等），还有分分钱，分分钱要用红纸包起来，以求吉利。当"龙"来到自家门口时，由主家的一个男丁点燃火炮，以此来迎接"龙"，而最长的男丁则要对着"龙"头叩三个头，并且烧起一些黄纸。紧接着，"龙"就会进入主家堂屋，进屋后，"龙"要对着神龛叩三个首，并且在屋内转圈。完毕后，"龙"要从尾部开始向堂屋外退出。如果主家的院子比较大，就会在院坝里要"龙"，"龙"要得不算好，但很有味道。休息片刻，主家会将早已准备好的"九碗"摆出来给大伙儿吃！酒是少不了的，尽兴时，老人们就会唱花灯。时间不会太长，花灯主要讲述的是天王木比塔的七个女儿。最后，再燃起鞭炮将"龙"送走，同时也要给管事分分钱（钱不在多，只求来年风调雨顺）。接着，他们就会到下一家送吉祥去了……

送"龙"（送的就是吉祥），一直从正月初二延续到元宵节，到了元宵节那天，每户要有一人参加来结束今年的送"龙"，将"龙"封起来，来年再用。此活动一举行，就要连续举行三年。三年后，就要将龙毁掉，称作"罢龙"。

2. 羌族喜庆

羌族姑娘们好羞，不轻易表露自己的感情，一旦爱上了哪个小伙，从订亲那天起便做袜子、鞋子等礼物，以表达自己的爱慕之情，往往都是"先结婚，后恋爱"。

结婚仪式开始前，搭一个临时性的"主席台"，让一些有身份、有名望的老人坐上去。酒坛上方，坐着寨子里最老的长辈。由这位长辈宣布仪式开始。首先，由一位老人在一片喧闹声中从酒坛子里抽出一根酒竿，向四方甩酒，用羌语说道：今天是一个十分吉祥的日子，吉日良辰，花好月圆。然后老人对新娘和寨子进行一番良好祝愿——后边一排老人起立，双手叉腰，踏着节奏，唱叙事的酒歌。内容大多是赞美羌族传说中的历史人物。

仪式完毕，人们围着火塘尽情地跳锅庄。歌声富有特色，青年男女一唱一和，一问一答。在这美好的时刻，火枪声、唢呐声响起，酒坛、肉被搬上席。一道道美味佳肴摆满了桌子。到高潮时，请媒人和接亲人出来对歌。一旦媒人和接亲人对输了，便会遭到女方客人的"攻击"。

人们唱起婚礼酒歌，如《唱姑娘》《唱亲家》等。次日清晨，新娘的闺房里，十几个陪伴姑娘的妇女在劝说新娘，新娘哭嫁。

唢呐声和二十四声鞭炮之后，人们背着柜子、箱子、嫁妆，伴娘把一道红绫搭在新娘身上，一齐簇拥着她出门。接亲的人们站在田坎上、小路边。鞭炮声中，接亲、送亲的队伍陪新娘离开山寨。途中每到一寨，炮手们总是放三炮，路过亲戚的家门时，家家摆出玉米、麦子、黄豆粘成的糖块为客人接风、倒茶。

新娘骑的大马由新娘寨中最老的长辈牵着，到男方寨子时，全寨人出来迎新娘。客人被迎请到临时搭建的喜棚中，男方德高望重的长者用羌语向两位新人道贺，并向诸客人道谢。而后，一群小伙子拉着新郎，姑娘们陪着新娘开始拜天地，然后各自簇拥着新郎、新娘抢房。据说谁先进入新房，将来就是谁当家。一般情况下，性情温顺的羌族姑娘即便抢先到新房门口，也会让新郎先进去。新人进房后，所有的人悄然离去。

中国古代民间建筑

3. 羌族节庆

（1）羌族年节

农历十月初一为羌族年节。年节的宴会又称"收成酒"。年节这天全寨人到"神树林"还愿，焚柏香孝敬祖先和天神，要用荞麦粉做成一种馅为肉丁豆腐的荞面饺，有的还要用面粉做成牛、羊、马、鸡等形状不同的动物作为祭品。次日，设家宴，请出嫁的女儿回娘家，进行各项节日活动。祈祷丰收的祭山会是全村寨的一种祭祀活动，除已婚的妇女不准参加外，全寨的人都要带上酒、肉和馍去赴会。会首由全寨各户轮流担任。届时会首要备好1只黑公羊、1只红公鸡、1坛咂酒、3斤肉、1斗青稞、13斤面做的大馍和香蜡、爆竹、纸钱等，按规定摆好，由"许"（巫师）主持祭祀，祈求天神和山神保佑全寨人寿年丰，并将山羊宰杀后煮熟，连同其他食品分给各户，称"散分子"。最后大家席地而坐，互相品尝各自的祭祀食品。

（2）祭山会

祭山会，也称敬山节、祭天会，以寨为单位进行，从农历三月至六月，日期各不相同，较普遍为（农历）四月十二。一般在村寨附近神山的神树林举行，男子和未婚妇女参加，他们身着盛装，携各类精美节日盛宴酒食，牵牛、羊、鸡等活畜上山。祭礼由释比或年长威重者主持。祝词颂毕，杀牛、羊、鸡献天神、山神、树林神，燃柏香枝，然后再颂吉祥词，并集体还愿许愿，再给各自许愿还愿，此仪式需长达几小时甚至一天，众人皆叩拜不起，唯有释比或主持者可以活动。最后盟誓村规民约、祖宗传统后，集体呼号，欢宴唱歌跳舞直至尽欢而归。所余食物平均分配给全体人员。

（3）其他集会

三月三：已婚妇女敬娘娘菩萨，求神赐孩子，保佑孩子平安。

三月十二：寨子里要宰一只羊，祈求土地菩萨保佑丰收，并忌路一天，禁止过往行人进村寨，这天称为"青苗会"。

六月二十四：以寨为单位举行，祭奉川主。当天全寨休息，穿新戴花，唱歌跳舞，大办酒席，是规模最大的庙会。

碉楼

2. 羌族食俗

（1）信仰食俗

旧时羌民族认为"万物有灵"，山山水水，风风火火，树木牛羊，都是神。而且以白为吉为善；以黑为凶为恶。而一切神中，又以"白石神"为最尊贵。

传说，古代的羌人"阿巴白构"部落，在与"戈基人"的"羌戈大战"中，羌人始祖天女木姐把白石头变为大雪山，挡住了穷追不舍的"戈基人"，拯救了羌人。因而羌民住房的山墙顶部都嵌有白色的石英石块，各山寨也都有专门敬白石的小庙，叫"塔子"。

同时也珍爱白狗（与"白构"谐音）。此外，锅庄是火神，牛有牛神，山有山神，各寨都有神树，总共不下二三十种。神职人员叫"许"（相当于巫师、端公之类），老年的"许"被敬称为"阿爸许"（相当于"巫师叔叔"）。"许"的地位极高，可以坐上椅，第一个饮咂酒。

在信仰习俗方面，公认的最大的祭祀活动当推"祭山会"。

祭山，就是祭天，求山神、天神保佑。有的山寨每年只进行一次，在三至六月间进行。有的进行两到三次。举行三次的定在正月、五月、十月。因正月是岁首，五月播种，十月收获。因而有祈丰年、许愿、还愿的性质。由于祭山是在羌寨特有的白石砌成的小塔前进行，又叫"塔子会"。一般祭祀的内容为：备咂酒，杀牛羊，将牛羊血洒在塔子的周围，并由"许"敲着羊皮鼓作法。作法完毕，众人吃牛羊肉，喝咂酒。人人送馍馍给首次参加塔子会的男孩，祝贺他长大了，见"天"了。此会只准男人参加，妇女则回避。其实，祭山会的准备活动，很多天以前就开始以不同的方式进行了：四月初一，家家房顶插杉树枝，室内神台上挂剪纸花，并点松明，烧柏树枝。四月初八这天，放鸡祭山神，全寨男女都参加，由"许"主持，公推一名壮小伙子，抱上一只大公鸡，迅速跑上山坡，让它自由离去，自己觅食。若三天之内还能听见它叫，就预兆丰收。有的山寨吊狗祭山，把一只白狗吊在树上，在离狗嘴不远的地上撒些食物，如果过了七天狗还不死（相信狗有七条命），即预兆丰年。四月十二日再举行"榨山会"，男女都参加。在神树下，由"许"宰羊，宰后烧熟，全寨人分而食之，可消灾免病。谁家若有人没来，就临时折断树枝，穿一小坨羊肉带回去。

与"祭山会"相平行的是喇嘛会、哑巴会、敬山节，显然是受了藏族的影响。

喇嘛会，有的山寨于四月初八举行，全寨男女都参加，由喇嘛主持，杀白羊，祈天赐福，尔后煮食羊肉。认为吃了这种羊肉或喝了羊肉汤可免灾得福。有老少未来者，能尝点带回去的肉或汤，也会大吉大利。

哑巴会为每年农历四月十二至四月十五，天天上山到庙里去念经、敬山神，由喇嘛主持。其中十四、十五两天每天月亮出山前，谁也不能说话，更不能逗引别人说话，否则就是对山神不敬，因而得名"哑巴会"。毫无例外，也要举行酒宴，饮咂酒。祭品中有用面制的各种形态的小牛、小羊、小鸡等家畜，还有用萝卜和肉做馅的三角形大饺子。

敬山节为每年农历五月十五，敬奉以白石为象征的山神、天神，由喇嘛主持。这天，青年男子要背上猎枪，带上箭，向预定的山顶冲去。其余的人则带上咂酒和熟肉以及一些印有自家图章的月牙儿形的有色麦面馍。全寨的人共同给山神敬献五谷粮食和一只大红公鸡（当场杀死），每户献一个月牙形麦面馍。喇嘛要把收到的馍一部分分给第一个冲上山顶的男人和一直为大家烧火热菜的妇女。最后，以大家吃肉、喝酒、吃馍结束敬山节庆典。

祭女神、"领歌会"。五月初三，由几名颇有活动能力的妇女带上酒、肉、馍馍等去山边的白石塔子祭女神，并"请示"即将开始的"领歌节"该唱哪些歌。获得"指示"后，于次日即五月初四，全寨妇女穿上艳丽的服饰，由老年妇女带领，在本寨挨家挨户跳古代羌族舞，唱羌族民歌，预祝各家当年丰收。各家则一律以"玉米蒸蒸酒"招待。一共跳三天，其中第二天刚好是汉族的端午节，各家也吃粽子，相当于"妇女狂欢节"。如果当年这个寨子死了50岁以下的妇女，为表示哀悼，就不举行"领歌"活动了。

十月初一为牛的生日，要到牛王庙去，杀鸡还愿，给牛喂馍馍，同时做些如日、月形的馍馍挂在牛角上，敞放牛群，任其自由走动。

除夕祭祖。阴历除夕半夜子时，新旧年交替之际，各家再次祭祖，主要是"泼水饭"（茶叶水泡着的一小碗熟粮食）。这是祭祖，也是请祖先团年。另外，还烧一堆纸，也泼水饭，而且泼得很散、很远，是祭那些没有后人的"孤魂野鬼"，让他们也分享人间的幸福。

杀替罪羊。羌族人若病死，就要杀"替罪羊"以寻找病因。死者是男，杀一只公羊；死者是女，杀一只母羊。羊由死者家出。杀前，"许"要行法事，念咒语，并向羊耳里喷凉水，羊受冷一激，浑身发抖，"许"说这是羊认罪了，忏悔了。杀后，众人再从羊内脏找原因。据说，正是因为羊的某一部分（如肺、肝、胃、肠等）有病，才害死了人。最后，羊肉煮了，众人分食，死者亲属都很悲伤，不吃。遇有其他不祥之事，如有人旧病不愈、失火等，也杀"替罪羊"。传说，古时在民族大迁徙中，"许"的经书被羊啃坏了，于是凡需以家畜替罪时，都选定羊。

（2）日常食俗

羌族民间大都一日两餐，即吃早饭后出去劳动，要带上馍馍（玉米面馍），中午就在地里吃，称为"打尖"。下午收工回家吃晚餐，主食大都离不开面蒸蒸。经常食用的面蒸蒸是将玉米粉放在甑子内蒸成颗粒状，即可当饭食用，有时将洗净的大米拌到玉米粉里，或将玉米粉拌到大米中蒸，称为"金裹银"或"银裹金"。用小麦粉和玉米粉混合做成馍放入火塘上烤熟，也是羌族日常主要食品之一。许多地区的羌族还喜食用玉米粉加推豆花的连糟浆水发酵，蒸成豆泡子馍馍，或将嫩玉米磨碎做成的水粑馍馍。用麦面片加肉片煮熟成为"烩面"；沸水加玉米粉煮成糊状，称为"面汤"，继续加玉米粉搅稠，以筷子可粘起为度，称为"搅团"，都是常吃的主食。在食用搅团时，要同时吃用白菜、圆根（芜菁）泡成的酸菜作的酸菜汤，能开胃。常用玉米、小麦、豆类先炒熟，再磨制成炒面，一般多在旅行或放牧时食用。在食用马铃薯时，羌族民间喜将马铃薯整个煮熟，然后去皮，再舂成泥状，做成糍粑，称为洋芋糍粑，用油煎或炸后，拌蜂蜜吃。也可用洋芋糍粑切片加酸菜、肉片煮汤吃。

因吃鲜菜的时间只有几个月，常年多食用白菜、萝卜叶子泡的酸菜和青菜做成的腌菜。肉食以牛、羊、鸡肉为主，兼食鱼和狩猎兽肉。

（3）节日、礼祭食俗

每逢节日、婚丧、祭祀、聚会、待客或换工劳动，除饭菜丰盛外，还必备美酒。正如一首羌谚所云："无酒难唱歌，有酒歌儿多，无酒不成席，无歌难待客"。结婚吃"做酒"，宴客吃"喝酒"，重阳节酿制的酒称为重阳酒，需储存一年以上方可饮用，重阳酒因储存时间较长，酒呈紫红色，酒醇味香，是重阳节期间必不可少的美酒。另一种被称为蒸蒸酒的饮料是将玉米面蒸熟拌酒曲酿制而成，饮用时既有酒香又能顶饭，类似于汉族的醪糟。无论年节或待客，羌族都以"九"为吉，故宴席时都要摆九大碗，菜肴与川菜相同。炖全鸡，习惯上用竹签撑起鸡头，使之昂起，以鸡头飨上宾（如舅父等）。

3. 羌族巫舞

（1）跳皮鼓或称羊皮鼓

跳皮鼓是羌族巫师的主要舞蹈形式，春秋战国时期就已流传。羌族人每遇病、丧之事，都要请巫师跳皮鼓。巫师一般为两人，一人举短戈在前，一人左手持单面鼓，右手持弯把鼓锤敲击，并摇晃鼓内的小铁环哗哗作响，开始在一阵吆喝和鼓声震天的热烈、紧张气氛中边击鼓边跳，走步时脚不停地颤动，带有神秘感。主要步法有：甩鼓步，两脚呈八字分开，鼓先落在两胯之间，然后向上甩，同时击鼓。两边踮跳步，前脚向前跳，后脚以脚尖点地跟出，左右交换击鼓。还有开胯下蹲跳步、松膝绕步等。也有原地打"旋子"的技巧动作，其动作节奏明快，激烈而敏捷。一般在老年人死后，跳皮鼓要进行三天三夜，死者的亲朋故友都要参加跳皮鼓，人数不限，跟在巫师身后，从右到左，或由左到右地跳动。先成曲线队形，然后成圆圈。

（2）猫舞

猫舞是农节期间的祭祀舞蹈。这种舞蹈由巫师在祭祀时跳，是羌族古老民间舞蹈的一种。舞时双手做猫爪状，有单腿踮跳、双腿蹲跳、开胯甩腰踏步等动作，多模拟猫的动态，以灵活、短线条动作为主，独具特色。

（3）跳叶隆

跳叶隆是由巫师绕着火塘跳的丧事舞蹈。巫师弓身弯腰拍手跳碎步，用脚尖踮地前行，两手前伸，颤抖不停，动作有神秘和恐惧色彩。它的某些舞姿类似猫舞。

（4）跳麻龙

跳麻龙是巫师在祈雨时所跳的舞蹈。舞者手

持带把的龙头，龙身是用六七米的粗麻绳做成。舞动龙头时，长麻绳盘旋飞舞，啪啪作响。其动作技巧难度颇大，舞步多采用以蹲跳为主的跳皮鼓的动作。巫师边跳边念祈雨的咒语。

4. 羌族锅庄舞

羌语称锅庄为"洒朗"。在羌族锅庄舞中，又分为喜事锅庄和忧事锅庄两种。

（1）喜事锅庄

喜事锅庄是羌人在节日、婚嫁和劳动之余所跳。男女相对，各成一排，拉手而舞。常由能歌善舞的老者带头，男女一唱一答，边唱边舞。当舞蹈进入快板时，男女两排相互交换位置，或众人拉手相继从别人腋下钻过，穿梭不停。动作以脚步多变、膝部颤动、腰胯扭动为基本特征。舞时动作随歌声节奏加快，最后达到高潮。舞者人数可达数十人之多。喜事锅庄常通宵达旦，气氛十分热烈。

（2）忧事锅庄

忧事锅庄是为老人举行丧事所跳的舞蹈。在丧事之后，死者的亲朋都参加舞蹈，一般在室外旷地表演。伴唱的内容主要是歌颂死者生前的高贵品德和表示怀念之情。舞蹈气氛低沉。舞时男在前，女在后，拉手成弧形或圆圈，动作沉稳、缓慢。各地忧事锅庄风格特点不尽相同，有的步伐单一，反复跳动，有的舞步活跃。

5. 羌族端午节

羌族端午节于每年农历五月初五举行。这天，男女老少都要饮一点雄黄酒，并擦一点在耳边和鼻边，洒一点在门前和窗前，以防蚊蝇虫蛇及秽气进入住宅，保佑家人无恙。凡能走动的人，尽可能到山上踏青踩青露，认为沾了端午露能强身健骨。

（二）开平的民俗风情

1. 水口泮村灯会

泮村灯会，又称舞灯会。于每年农历正月十三日举行。是水口镇泮村的习俗，也是一种大型的群众性民间艺术活动。各村群众和民间艺人用竹、木和各色彩纸，制成一丈多高的大花灯，装饰精致华美。灯会之日，由各村选出的青壮年组成舞灯队伍，伴以几头瑞狮，敲锣打鼓、燃放鞭炮，游行到各个村庄。舞灯开始，青年小伙子抬着花灯，在醒狮、旗队的簇拥下，在锣鼓喧天、瑞狮欢舞、鞭炮声中，逐村逐场地舞动，非常热闹。这个习俗，相传始于明朝，至今已有五百多年的历史。泮村一带都是黑石山，山形似象、狮、虎、牛、羊"五兽"，被称为"五兽地"。明朝洪武元年（1368年）邝一声自广东南雄迁到此地立村（龙田里）定居，但多年后仍人丁不旺，百业不振。据说是因五兽中狮子为王，而狮子成天打瞌睡，甚至长睡不醒，其余四兽就乘机到处为害，使泮村乡民灾患频仍。特别是每年正月十三是最不吉利之日，祸患尤甚。邝一声选择正月十三为舞灯日，要泮村所有村庄，四方乡民（外出打工的，也待过了舞灯日才起程），扎起三头巨型花灯，敲锣打鼓舞狮，巡游各村，所到之处，锣鼓声、炮竹声震天动地，以求将狮王惊醒，镇慑四兽，消除祸患，让泮村子孙昌盛，百业兴旺，日子太平。此后，正月十三泮村舞灯，年复一年，流传下来。

2. 婚俗喜庆

（1）婚嫁

旧式婚嫁。

旧式男婚女嫁都是奉父母之命、凭媒妁之言，一般经过相亲、文定、迎娶等过程。男女婚嫁一般都在16岁左右。

相亲、文定。

新中国成立前，礼教森严，男女青年很少有自己择偶的机会，大多都托媒相亲。相亲后，如果男女双方都满意，男方便择日把礼金、礼品送到女家，女方收下便是正式答应男方的婚约。新中国成立后，"相亲"的习俗仍然存在，但内容和形式都有所改变。

嫁娶。

姑娘出嫁前的一个星期左右要上阁，由姐妹轮流陪着，不让别人看见，这就是匿阁。所谓阁，就是在屋内一角用床板搭成可

容若干人坐卧的平台，四周围上布帐。匿阁期间，主要是反复练习出嫁时唱的"女哭歌"（内容主要是感谢父母养育之恩、兄嫂教导之情和嘱咐弟妹要听长辈的话等），每次练习哭唱时厅里都挤满了听唱的亲人。

新郎在成亲之日的早上要行"上头"礼，市内水口龙塘地区的"上头"礼最具代表性：新郎成亲之日，天未亮，长辈在家中摆设一个圆形大簸箩，并在其上放一小木斗，斗内放一些谷、一枝柏树枝和若干个铜钱；新郎坐在木斗上，臀部将斗口封严以示保住钱物，再由多子多孙或有名望的长辈为新郎梳头，边梳边唱为新郎祝福之歌，然后戴上插红插花的礼帽。

结婚之日，新娘沐浴洁身，梳装打扮，待花轿一到，由择定的人背着出阁上轿；花轿抬至闸口时，弟妹上前"嘱轿"；随花轿而行的，有送行的姐妹，有挑嫁妆的人。新娘从离开娘家直到被抬出村外的过程中都唱女哭歌。

当新娘乘坐的花轿抬到男家的村口时，花轿要停下来，由同来的一名妇女撑开纸伞，由另一名同来年长的妇女手捧谷斗把"爆谷"撒向花轿，取落地开花、谷米满地之意，此时新娘就要和送行的姐妹一一道别，当轿夫起轿时姐妹们突然上前把轿杠压一下，这叫"坠轿"，以示依依不舍之意。

古时，男的不用前去亲迎，待花轿到了男家巷口，新郎披红簪花在伴郎陪同下用纸扇在花轿门上轻叩一下，这叫做"踢轿"。接着，由一名妇女打开轿门把新娘背出，另由两名妇女撑开纸伞遮护新娘；新娘被背到男家门口时，由男家人丁兴旺的亲属中选一男孩给新娘递上门匙，意思是要新娘从此照顾好男家门户。

一些地方，在新娘入屋时，还有"跨禾竹"俗例，其做法是：由男家的司礼人预先把扁担（禾竹）横搁在门槛上，在门前堆放些黄茅草，待新娘来到家门口时就把茅草点燃，让新娘跨过。此时，伴娘高声提醒新娘把脚抬高，不要踩中禾竹，否则，会给家姑"带来不幸"。

新郎、新娘共行拜堂之礼，仪式较严肃隆重：由司仪赞礼，新郎、新娘依唱礼顺序行礼，共同跪拜天地、祖先、家长，最后行互拜鞠躬礼。

新婚宴客，一般人家都很重视，富裕人家还到酒楼大摆筵席。

当新娘进入新房时，先让一群孩子爬在床上，由一名妇女把糖果、橙橘、炒米糖等撒在床上，让孩子们争抢，以取"满堂子孙"的意头。接着，一大群伴郎和看热闹的乡亲走进新房，先看新郎新娘在龙凤烛案前按司仪人赞礼进行交拜，随即开始闹新房。闹新房，主力是那班伴郎，他们各出"奇招"要新娘解答各种难题或做各种为难动作，若被难倒就要受罚，即使有时玩得"过火"一点，新娘新郎也尽量忍让，目的是让大家高兴。

新式婚嫁。

新式婚嫁的主要特征，是男女间通过自由恋爱而结合，即使有些是经过介绍"相亲"活动相识，也离不开最终因自由恋爱而结合。

新式婚嫁始于民国时期，那时有少数上层文化知识界人士提倡男女婚姻自由，并在这基础上举行新式婚礼；而政府当局亦借此新风举办过新式集体婚礼，以图改变旧式婚俗。近十多年来，新式婚嫁又出现了一些新中有旧的现象，在婚姻自主的前提下，一些家庭又复兴"礼银""礼饼"，一般农村家庭又复兴旧式"拜堂""送礼"和宴客等仪式。

童养媳。

贫苦人家无力抚养女孩，将女孩送与有男子人家童养，待长大后就让这家男子择日拜祖圆房。此俗到新中国成立后已由政府明令禁止。

用公鸡代新郎举行婚礼。

不少在国外谋生的男子，到了适婚年龄，希望在家娶个妻子以代他侍奉父母，或者父母希望为在海外的儿子成家立室以完成夙愿，但由于侨子收入不多，且交通不便而不易返回，或者因为侨子业务缠身而抽不出时间远归，回乡结婚便成了难题，于是人们想出了用活公鸡代替新郎举行婚礼的方法。其做法是：用活公鸡代新郎"上头"，就如真新郎一样，由长辈执梳在公鸡头上梳理，也边梳边念诵好意祝词；用"上头"的公鸡去迎接新娘，行"踢轿"礼，将新娘引进屋里，让新娘与公鸡一起共拜天地祖先，随即将公鸡缚在新娘房里以示与新娘共度"良宵"（到第二天天亮才将公鸡捧走）。

这种特殊的婚俗，其发展有两种情况：一

种是婚后妻室留在乡下，以代侍父母，甚至还收养一子以增添家中天伦乐趣；另一种是婚后托人带新娘出国团聚。前一种情况较多，其出现的时间较早，持续时间也较长。这种特殊婚仪，已随着时代的变迁而消失。

其他婚俗。

未婚丧夫，女子持续时间到夫家与神主牌或公鸡拜堂成亲，夜晚则与木主同卧，行守孝之礼，这叫"守切"，女子则被人们称为"切娘"；如不愿守切，要待亡夫举行冥婚之后才能改嫁。此俗在民国期间渐渐消亡。

为夭折的少年男女举行婚礼，叫冥婚。此种婚礼举行之日，女方将女儿灵位、年庚及彩纸制作的嫁妆送到男家，在男子灵前或门前焚烧成礼；男方家一般置薄酒宴请亲友。"结婚"之后，双方家庭以亲家礼往来，俗称神亲戚。

男到女家落户结婚，称为入赘，除行谒祖礼外，农村一般不举行仪式。

（2）喜庆活动

婴儿满月。

孩子出生后满一个月，主家摆酒席宴请亲朋戚友以示喜庆，亲友也按习俗给孩子送礼物。孩子的外婆除要给女儿（孩子的母亲）送鸡酒甜醋外，还给孩子送新衣帽、背带（背孩子用的）、包被、鞋袜等（俗称为送庚）。其他亲友送小手镯、项链、衣物等。也有人在孩子满月之时，同时举行替孩子命名剃头的仪式。剃头的仪式也有留待孩子满周岁或更大一些才举行的。

寿辰（生日）。

旧习俗以人生 40 岁以后，其儿女都已长大成人，每逢生日，亲戚们便送糍粑、送"三牲"表示祝贺。至年满 60 岁时称为花甲之年（俗称甲子回头）也就是人们正式做寿之年，一般提早一年即 59 岁就做寿，取其长久之兆。做寿时大摆筵席宴请亲友；亲友们也做糍或送酒米喜帖前来祝贺。家庭富裕的还搭棚厂请八音助庆。70 岁生日称为做大寿，80 岁生日称为做桃寿。

新居入伙。

新居落成入住，多举行入伙仪式，先安放"香火"（名叫"承伯公"），然后贴对联、鸣炮，再由家人肩挑新竹箩（内装稻米、圆肉、爆谷、柏叶、榕树叶等）、簸箕、米筛、小鸡、戽斗等依次进入，由小孩用戽斗向门内模拟戽水动作，即所谓做"戽归"（大富大贵）；备三牲拜祭天地、祖先，以祈求家人永保平安。这日，亲朋戚友都备镜画或喜帐、炮竹、酒、发糕等礼物前来庆贺，主家则设宴请饮。

担节。

婚后，尤以新婚头一两年为甚，逢年过节，女家都要送礼，所送礼物每以"担"计，两箩为一担，故称担节。如"担新年""担裹棕""担田了""担月饼""担冬节"等。

碉
楼

五、阅读经典碉楼

1. 迎龙楼、八角楼

迎龙楼、八角楼为开平现存最早期的碉楼。

迎龙楼坐落在开平市赤坎镇三门里村，为关氏家族所建。明朝嘉靖年间，关氏十七世祖关圣徒夫妇捐出自家积蓄，建起了迎龙楼。

在中国，龙是吉祥的象征，将楼命名为"迎龙"是期望它给村民带来平

安、好运、幸福。迎龙楼建成后，在保护民众避免洪涝和盗匪的侵袭方面起了其应有的作用。迎龙楼方形的建筑形体没有受到外来因素的影响，是开平碉楼最传统、最原始的模式。

八角楼位于月山大冈。大冈李氏来开平时，在月山发现大冈这块"罗盘宝地"，因而在山冈的中央建八角楼，围绕楼的八个角兴建大冈村。村似罗盘，落似指针。村中巷巷交织，找不到一条直巷，外人进去，如入迷宫，很难再走出村子。

2. 瑞石楼——开平第一楼

公元 1923—1925 年，在香港经营钱庄和药材生意致富的黄璧秀为保护家乡亲人的生命财产安全，回乡兴建了瑞石楼。瑞石楼是由黄璧秀在香港谋生、爱好建筑艺术的侄儿黄滋南设计的，施工者都是本村或附近的工匠，建楼所用的水泥、钢筋、玻璃、木材等均是经香港进口，总投资 3 万港元。该楼以黄璧秀的字号"瑞石"命名，"瑞石"就是美玉，即"璧"的意思。室内布置也受到西方生活的较大影响。第 1 层是客厅，第 2 至 6 层每层都配备设施齐全的厅房、卧室、卫生间、厨房和家具。第 6 层外部为柱廊，第 7 层为平台，平台四角各伸出一个瞭望、防卫用的圆形塔楼，南北面则以巴罗克风格的山花和中国园林景窗相结合，第 8 层内部放置祖先神龛，该神龛雕刻精美，堪称艺术精品，为家人祭祖的精神空间所在，室外则是一周观景平台，第 9 层是堡垒式的

中国古代民间建筑

瞭望塔，整体建筑呈现出中世纪意大利城堡风格。瑞石楼在立面上运用西洋式窗楣线脚、柱廊造型，大量的灰塑图案中，融入了中国传统的福、禄、喜、寿等内容，在西洋的外表下蕴涵着浓郁的传统文化气息。楼内家具形式与陈设表现出十足的传统格调，酸枝木的几案、椅凳、床柜，柚木的屏风，坤甸木的楼梯、窗户等，用材讲究、做工精致、格调高雅。特别是用篆、隶、行、草、楷等多种中国书法刻写的屏联，更具中国传统风韵。

3. 雁平楼

雁平楼位于百合镇齐塘村委会河带村，1912年旅居加拿大华侨为防匪盗而兴建，耗资三万双毫。因其是当地最高的建筑，号称与天际飞雁齐平，故名"雁平楼"。

4. 方氏灯楼

方氏灯楼坐落在开平市塘口镇塘口墟北面的山坡上，东距开平市区11公里。1920年由今宅群、强亚两村的方氏家族共同集资兴建，原名"古溪楼"，以方氏家族聚居的古宅地名和原来流经楼旁的小溪命名。该楼高5层18.43米，钢筋混凝土结构，第3层以下为值班人员食宿之处，第4层为挑台敞廊，第5层为西洋式穹窿顶的亭阁，楼内配备值班预警的西方早期发电机、探照灯、枪械等，是典型的更楼。方氏灯楼历史上为古宅乡的方氏民众防备北面马冈一带的土匪袭击起到了积极的预警防卫作用。

5. "适庐"

位于百合镇厚山村委会虾边村村中，建于20世纪20年代，是开平第一个农会——虾边农会及中共地方党组织的活动据点。该楼的四角均有一个"燕子窝"，窝内均设有枪眼。顶层为欧洲城堡式。适庐古色古香，堪称"三合土"碉楼的代表作。

6. "古镇"

赤坎镇有350多年历史，是一座具有浓郁南国特色和深厚文化底蕴的侨乡古镇。堤西路古民居多建于20世纪20年代，由侨胞、商号老板兴建。楼高一般2—3层，是中国传统建筑与西洋建筑的结合体，即在传统"金"字瓦顶及青砖结构的基础上，融入当时先进的西洋

混凝土建筑材料。整齐而风格各异的骑楼是其一大特点。

7. "碉楼群"

自力村隶属开平市塘口镇，是由安和里、合安里和永安里三个方姓自然村组成。该村民居格局与周围自然环境协调一致，村落布局呈零星状。

立村之初，该村只有两间民居，周围均是农田，后购田者渐多，又陆续兴建了一些民居。鸦片战争后，人民生活困苦，加上资本主义国家发展生产需要大批的劳力，来华招募劳工，开邑地区很多人离乡背井，到国外谋生，自力村人也是这个时期开始旅居海外的。以后一个带一个，旅外者日众。他们赚了钱，便纷纷回来购田置业，尔后又返回国外，如此循环往复。20世纪20年代间，因土匪猖獗、洪涝灾害频繁等原因，一些华侨、港澳同胞便拿出部分积蓄兴建碉楼和居庐。这些碉楼和居庐一般以始建人的名字或其意愿命名。碉楼的上部结构有四面悬挑、四角悬挑、正面悬挑、后面悬挑等。建筑风格方面，多带有外国的建筑特色，有柱廊式、平台式、城堡式的，也有混合式的。为了防御土匪劫掠，碉楼一般都设有枪眼，先是配置鹅卵石、碱水、水枪等工具，后又有华侨从外国购回枪械。配置水枪的目的是因水枪里装有碱水，当土匪靠近楼体时喷射匪徒的眼睛，使其丧失战斗力，知难而退。为了增强自卫能力，很多妇女都学会了开枪射击。这些碉楼，有的是根据建楼者从外国带回的图纸所建，有些则没有图纸，只是出于楼主的心裁。楼的基础惯用三星锤打入松桩。打好桩后，为不受天气的影响，方便施工，一般都搭一个又高又大的葵篷，将整个工地盖住。建楼"泥水工"二三十人，以当地人居多。

该村现存15座碉楼，依建筑年代先后为：龙胜楼、养闲别墅、球安居庐、云幻楼、居安楼、耀光别墅、竹林楼、振安楼、铭石楼、安庐、逸农楼、叶生居庐、官生居庐、澜生居庐、湛庐。最精美的碉楼是铭石楼。该楼高6层，首层为厅房，2—4层为居室，第5层为祭祖场所和柱廊、四角悬挑塔楼，第6层平台正中有一中西合璧的六角形瞭望亭。楼内保存着完整的家具、生活设施、生产用具和日常生活用品。

自力村碉楼建筑精美，保存完好，布局和谐，错落有致，四周良田万顷，稻香阵阵，踏着田间小道，穿过绿树修竹直入村内，顿生世外桃源之感。

六、走进碉楼

（一）千碉之国——丹巴藏族碉楼

丹巴，古称"章谷"，藏语意思是在岩石上的城镇，是大渡河上第一城，因这里古碉楼林立，又称"千碉之国"。这里有五千年前古人类活动的遗址，同时也完整地保留了嘉绒藏族的生活习俗。天人合一的甲居山寨、风景画廊"牦牛沟"、神奇的墨尔多神山和党岭山。由于一方山水的孕育，这里自古就多出美女，故又有"美人谷"之称。

据说曾经有上千座碉楼分布在这个地区，虽然岁月以及各种动荡因素已经把其中大部分都毁掉了，但仍有几百座遗存下来。在丹巴的梭坡和中路两个乡，甚至基本上完整保留了碉楼群的原始面貌，让人们看到世界上独一无二的古代碉楼群的壮观场面。

丹巴的碉楼一般都非常高，这样的高碉在世界上都是罕见的，大部分丹巴的碉楼，都有四五十米，高的能达到六七十米，几乎就像巨型烟囱一样。

这里大多数的碉楼是按家庭分布的，这样普及到民间的军事设施，是当时的地区统治者无法容忍的。因为这些广泛分布于民间的军事资源，很容易会对一个地域权力形成挑战。那么是什么样的地域统治者可以接受这样在民间普及的军事防御设施呢？我们从史书上找到了一个重要的线索。这里曾经存在过一个特殊政权——东女国。东女国是真正的女权王国，是中国，乃至世界上唯一一个真正由女性管理国家，而不是个别女人在男人的政权中参政的王国。据说，她们不仅拥有女王，而且所有女性地位都高于男性。根据记载，这个东女国的官员，都由女性担任，而男性只能给女性当助手，地位很卑微。现在这里流行一种叫"闭目衫"的仪式，是当地的一种谈情说爱的聚会，在男女见面的过程中，女性一直坐在房间的中间，而等待的男性则委屈地躲在房间外面的

阴暗处，整个聚会的过程，男性都是卑躬屈膝，说话不能大声，甚至连眼睛都要用衣服遮住，以表示对女性权威的屈从。据说，东女国的国王喜欢建造碉楼，并且住在碉楼中，而且住在碉楼的最高层；除此之外，还有副女王以及各级的女执行官，她们的居住方式都仿照女王。可以推想，这里当时会建造不少的碉楼供女王以及下属女性官员居住。女性统治者们可以通过碉楼在心理上得到更多的安全感，来弥补先天生理上的性别弱势，并且努力把碉楼建造得尽可能高，来增强神秘感和权威感。一些专家认为，由于女性对家庭的依赖，东女国的国家利益和她们的家族利益必然紧密地联系在了一起。因此，碉楼的普及，很可能就是女性王国的一种地缘政治和血缘政治相互融合的表现。她们有统一的国家，但又注重家庭的亲情，导致她们的国家和家庭形成一种亲缘纽带的联盟，因此，她们不排斥家庭继续拥有武装力量，这些密集的碉楼体现着一种家庭统治者和国家统治者分享权力的特别模式，这也许就是为什么丹巴既有大量的家庭的碉楼，也有很多公共区域的碉楼的原因。

东女国只存在了一二百年，最后因为先天的性别劣势而和男性握手言和了。显然短暂存在过的东女国，不可能包揽延续近千年的丹巴碉楼的建设，使这里成为千碉之国的，一定会有另外的施工参与者。据一些难得的古藏文资料考证，这里的碉楼居然和中国历史上发生过的一些重大历史事件有关联。唐朝期间，文成公主嫁给吐蕃赞普松赞干布，埋下的友谊的种子，渐渐生根发芽，双方终于决定，全面息兵罢战，世代友好。公元823年双方为和平结盟，并隆重地建造了会盟碑，这就是长庆会盟碑。当时唐朝为了表示对会盟的诚意，慷慨地把唐蕃边界的一些属国，特别是东女国的领地划给了吐蕃，当吐蕃得到东女国富饶的土地之后，就决定建造一道坚固的防线来保卫这些从唐朝皇帝手中得到的财富，而采用的方法居然是大规模建造碉楼。后来蒙古军队对吐蕃战争不断，随着元朝的统一，战争中止，并且和吐蕃签订了允许吐蕃自治的协议。以后各朝各代的中央政府，对丹巴一带再也没有派兵来驻扎，而当地人由于敬畏这个带有中央政府象征性的建筑，也不敢随便轻易使用，因此，碉楼成了废墟。现在的碉楼大都是明清时期的产物，而建造这些碉楼的时候，财富的攀比和风水的讲究，已经成了建造碉楼的主要动机。据说，当地有钱人都以拥有碉楼而自豪，他们选择村寨中最好的位置建碉，而且相互攀比高度，越富有的人，就把碉楼盖得越高。因此，碉楼的高度往往就是富人身份的一种象征。一些富人们甚至从孩子刚刚出生就开始建碉楼，直到孩子长大成人。这里还出现了丰富的多角碉，像五角碉、八角碉、十三角碉。随着时间的推移，这里的碉楼已经越来越过分地注重外在的华丽。

（二）东方的金字塔——桃坪羌寨

在众多的羌寨中，桃坪羌寨被专家学者称为神秘的"东方金字塔"。

桃坪羌寨始建于公元前111年，至今已有2 000多年的历史，是世界上唯一保存完好的羌寨。进入羌寨，宛如进入了一座"迷宫"。世界上大多数古堡都是传统的设东南西北城门或出口的建筑程式，而桃坪羌寨以古堡为中心筑成了放射状的8个出口，8个出口又以整个寨子底层四通八达的甬道织成路网，连结寨内的3座碉楼。走在幽黯诡谲弯弯曲曲的甬道内，如无人指引，一时半会还真难走出这个"八卦阵"。碉楼外面无门，想上碉楼必须从羌民住宅进入。整座碉楼有一根中心柱，贯穿了"一柱定天下"的古羌人建筑理论，与半坡遗址中的中心柱思想相一致。碉楼内的交通要道是羌族独具特色的独木楼梯，从下而上楼梯呈螺旋状，梯子每格只能容下一只脚。而羌碉的窗户更是别具特色，为外小内大，呈倒斗形。这也是战争防御的需要。

羌碉分为四角、五角、六角、八角、十二角，高者达十余丈。理县佳山寨曾有一座十六层石碉，高53.9米，每层高3.3米。此碉为已知最高的石砌羌碉，可惜后来被毁。羌碉上的石块看似信手砌成，其实砌筑每一块石材，使用每一泥撑黄泥，都是有严格要求的。碉楼从外形看为一个梭台形，从每条轴线看整面墙为梯形。羌碉角线准确笔直，似木匠弹的墨线，墙表面光滑平整无以立足。而且，古羌人在修筑碉楼时将基础深挖到岩层处，加强了基脚的稳固性。将墙体修筑成梭形，形成多个支撑点，起到了较好的抗

震作用。这说明早在两千多年前，古羌人就已掌握了先进、熟练的建筑技术。这些体现羌族传统和文化特色的建筑，连石头缝里都渗透出沧桑云烟，它们是羌族历史的见证者。这些坚固古朴历经千百年风霜雨雪的洗礼和地震等自然灾害，至今仍然完好无损的建筑，是古羌人在不绘图、不吊线、不搭架，全凭眼力，用泥土和片石垒砌而成的，令人不禁为羌族人民的聪明才智和高超的建筑技艺而深深折服。

羌族由于特殊的民族史、特殊的生活变迁、居住环境以及受生产、生活方式等的制约，长期以来形成了一种特殊的民族信仰和生活理念。走进每个羌寨，可以看到各家各户的房顶上都有白石英石，那是羌民敬奉的白石神。现在，还有不少羌民外出时身带小白石，佩带"火镰刀"，用棉花草击石取火。这个古俗一直传承了几千年。当地羌人十分喜爱歌舞，每当夜幕降临，羌族人就围着篝火喝咂酒，载歌载舞，往往是"一夜羌歌舞婆娑，不知红日已瞳瞳"。

七、碉楼的美丽故事

（一）巧用钟楼斗恶贼

一百多年前，位于开平沙冈潭江河畔的金山圩，百业兴旺，呈现一片繁荣昌盛的景象。金山圩侧矗立着一座碉楼，叫钟鼓楼。金山圩近郊人口密集，仅在一公里的范围内，就有十个村庄，统称"十村"。钟鼓楼就像一个伟岸而忠诚的卫士，守护着金山圩和十村人民。

钟鼓楼之所以叫钟鼓楼，是因为那时盗贼十分猖狂，经常从潭江水道来抢劫"十村"，再加上当时还没有钟表，晚上需要报时，于是十村人民在华侨的带动下，有钱出钱，有力出力，在金山圩侧建了一座碉楼，上置钟鼓，每逢晚上，击鼓报更，鸣金报匪，所以就把该碉楼称为钟鼓楼。话说一年初夏，下弦月悬挂中天，钟鼓楼的当值看守叫张劲松，是个刚猛青年。他像往常一样，圆睁着双眼扫视着楼外的一草一木。当他正准备去敲击三鼓报更的时候，突然发现潭江上有一小船快速划来。但奇怪的是，小船没有正常驶向金山圩码头上停泊，而是驶到一处水草丛生的僻静河湾里靠岸。紧接着十三四个人爬了上来，并快速向一个村子跑去。月光中隐现着他们身上的刀枪。显然，这是海盗！张劲松明白，这些海盗无比凶残，只要他们一进入村子，就会马上劫持大量人质，强迫村民交钱交物，稍有不从，人质就必死无疑。三个月前，对岸的台山江宁圩就曾发生了一起这样的惨案。

张劲松想到这里，马上奔到铜钟前，奋力敲击起来，"当当当……"钟声激越、宏亮。

不到十秒钟，十村的钟声也回应着响起来了，接着火把齐明。十村的人们除了部分镇守村子，部分把守路口之外，其余的人都举着火把，拿着大刀长矛，冲向金山圩，冲向钟鼓楼。

此时，海盗离岸已数百米，离村子最近的也有数百米，处于中间地带。眼看着十条火龙呐喊着蜂拥而来，海盗们也心虚了，贼首只得下令撤退，数

十人全往回跑。

贼人的行踪，张劲松看得很清楚。他马上三声一组地敲响着铜钟，"当当当，当当当"，十村的人们，一听这钟声就明白，贼人要向潭江边逃了。因为十村的人早就约定暗语，连续急敲的钟声是报警，组合的钟声是一东、二西、三南、四北。现在三声一组就表明，贼人要向南逃了。于是火龙马上向南追去。更有近河的村子及金山圩的居民、商家，听到三声一组的钟声后，也马上横切江边，断绝了贼人的退路。

这时，海盗们也看到了危急性，于是贼首马上命令：向东突出去。于是贼人弃南向东冲去了。

张劲松的钟声又一下一下地敲响着，一时间火龙又齐齐向东涌去。

贼首火了，他对下属吼道："坚决向东突围出去，跳潭江逃走。"于是群贼向东疾去。但贼首却只身向钟鼓楼方向急速冲来。他被钟鼓楼的钟声弄得发火了，他也很明白，不消灭钟鼓楼的敲钟人，自己人就难以冲出去。

这期间的变化，张劲松也看到了。他知道这个贼人一定是来跟自己拼命的，他也知道钟鼓楼的大门一定会被贼人劈开。他想通知一些人来同自己共同战斗，可是他不知道这个钟怎样敲，因为以前是没有约定过的。既然如此，那就独自为战吧，有什么可怕的，人生能有几回搏？他想到现在是三更了，该报更了，以后是生是死，很难预料，就让自己最后一次为乡民报更吧！于是他一手击鼓报更，一手敲钟继续指挥东追。

敲了一会，张劲松在腰间插上两个铜锤，拿上一条碗口粗的木棍，冲下楼去，干脆打开楼门，站到门口正中。这时，那个贼人也冲了过来。在灯光下，张劲松看清了那个贼人的摸样：四十多岁，壮实，平头，短须，没有右眉毛，那里只有一条褐色的疤痕，赤脚露胸，手里拿着一柄开山斧。看到这里，张劲松不禁脱口而出："谭光！""正是！"贼人杀气腾腾地答道。

近几年，不断流传着有关江洋大盗谭光模样的传说。眼下，已证实是这个魔鬼了。张劲松不觉血脉喷张，决心与之死拼一场。

说时迟，那时快，他们两人谁都没有再说话。谭光的开山斧直砍张劲松，张劲松也不退避，手中的木棍直捅过去。棍长斧短，棍占优势。谭光的砍招只得半路变出，变砍为横削棍子，结果棍子被削断了一截。几乎在同时，谭光的

中国古代民间建筑

斧又变削为砍了，直向张劲松迫来。张劲松跨前一步，手中的张劲松的木棍虽被削去了一截，但仍长于谭光的开山斧。棍长斧短，还是木棍占优。谭光又一次变招，横削棍子，这一次削断了一大截。张劲松索性丢掉棍子，拔出两个铜锤。这一回，锤斧长短相当，机会均等。这时谭光连跃带砍已经迫过来了，张劲松不退反进，只见他侧身一个鱼跃，直冲过来，两人同时大吼一声。结果，张劲松的左大腿吃了一开山斧，但谭光的头也挨了一铜锤，两人同时都倒在了地上。

张劲松抹了几下腿上涌出来的血，摇摇晃晃地又站了起来，谭光甩了几下头，也摇摇晃晃地站起来了。他们怒目相对，准备再次血战一场。

再说东追的村民们，突然听到了一阵钟鼓齐鸣之声，这是什么信号？谁都说不清楚。犹豫间，几个村子的领头人聚在一起商量，一致认为：钟鼓楼可能出事了！于是决定，一半人继续东追，一半人回救钟鼓楼！正当谭光向张劲松下杀手的时候，回救的人们呐喊着、举着火把赶到了。谭光看着这阵势，狠狠地把开山斧掷向张劲松，然后他几个后跃，退到了潭江边，纵身跳进了潭江里。

几天后，人们在潭江下游发现了几具尸体，其中有一具据说是谭光的。几天后，张劲松在村民们的爱抚和关怀下康复了，回到钟鼓楼，继续为村民击鼓报更。此后，十村的人们听到钟鼓楼的报更鼓声，都感到特别亲切、安稳。而远近的贼匪听到钟鼓楼的钟声，则胆战心惊！

（二）碉堡式的"缅甸村"

"缅甸村"，实名广成村，隶属月山镇高阳村委会，因是缅甸华侨所建，故名。该村建于 1933 年，共有两层高的旧房子 12 间，分两行排列。其建筑结构式样，从远处看去像传统民居，近看又似碉楼。

关于该村的立村经过，还得从民国初年说起。当时，月山高阳有两兄弟，大的叫许纯庆（人称阿毛），小的叫许瑞庆（人称阿丁）。为了生计，兄弟两人离乡背井，前往缅甸谋生。兄弟两人之所以选择缅甸作为谋生之地，是因为缅甸与中国相邻，去那里不用太多的盘缠。

到了缅甸后，兄弟两人生地不熟，一时不知从何做起。

碉楼

几经艰难，他们才在一间木器加工店找到一份杂工。为了创立一番事业，他们刻苦耐劳、勤俭节约、虚心求学。几年过去了，他们终于有了一点积蓄。满怀大志的他们，利用这些积蓄开了一间小木材加工店，专营柚木生意。由于经营有方，不出几年，他们的生意越做越大，所经营店铺由当初的一间扩展到了几十间，成了当地有名的木材经销商。

正所谓"穷在路边无人识，富在深山有远亲"，兄弟俩虽然远在他乡，但有了成就，自然就有人前来巴结。当地一些达官贵人主动找上门来，有来"化缘"的，也有来许以荣誉的，但更多的是说媒的，那些媒人像走马灯一样，送走了一个，又来一个，大有踏破许家门槛之势。"男大当婚，女大当嫁"，这是很自然的事，但由于这些女孩子个个都如花似玉，许家兄弟一时难以取舍。最后，哥哥许纯庆娶了两位太太，弟弟许瑞庆娶了三位太太。这些女人一个比一个漂亮，一个比一个聪慧，故兄弟二人都很疼爱自己的太太。许纯庆的两位太太为许纯庆生了八个儿子，许瑞庆的三位太太为许瑞庆生了十一个儿子（其中两个不幸夭折）。

"独在异乡为异客，每逢佳节倍思亲。"寄居他乡的许家兄弟虽然名成利就，但总觉得心里不踏实，每当到了中秋、春节，他们这种思乡的情绪就更加强烈。热爱祖国、热爱家乡素来是华侨的美德，许家兄弟也不例外，当他们这种思乡的情绪再也无法控制时，他们便毅然回乡。

回到家乡后，他们请来"风水"先生对高阳一些空地进行勘察。"风水"先生认为月山圩旁那块空地地势开阔，后面有众多山头环绕，又有一条河横贯村前，是一个立村建镇的好地方。最后，他们选择了这块地方作为广成村的立村之地。之后他们又请来建筑设计师，对屋地进行测量。

1933年，建成了十二间房子。此后不久，日寇大举侵犯东南亚各国，隆隆的枪炮声迫近缅甸。为了逃避战祸，许纯庆、许瑞庆的太太及儿子全部返回广成里。这些房子除留一间作私塾，一间作书馆外，其余的十间，按照大儿子分大房子、小儿子分小房或大房的一半（厅堂共用）的办法分给他们的儿子。为了不误儿子们学业，许家还请来了教师，在书馆里教孩子们识字。

正所谓"天有不测之风云，人有旦夕之祸福"，房子还未完全建好，许纯庆不幸染病去世。许纯庆的遗孀带着儿子拜别了尸骨未寒的丈夫，带着红肿的泪眼，又回到了缅甸。许瑞庆一家则留在广成里，继续繁衍生息。

（三）辉嫂智救北楼革命者

张兆辉是开平的革命领导人之一。1937年，白色恐怖非常严重。他从广州回来就在沙冈新屋小学任教，以教师的身份作掩护，开展革命活动。

那天，他决定召开秘密会议，会址选在北楼。

北楼，是开平沙冈四卡有名的碉楼之一，因地处山岗，较为偏僻，在1937年时就已经被闲置，成了人们遗忘的角落。张兆辉选择这里作为会址，正是因为这里僻静，无人问津，再加上北楼的东、南、西三面都很开阔，便于监控敌人的行踪，该楼北靠梁金山，一有什么风吹草动，向梁金山一撤，就比较安全了。

午后，会议按时召开了，讨论加强开平的革命力量及选送一些有为青年到延安去的问题。

再说张兆辉年轻的妻子邓秀娟，又是兆辉的交通员。为了工作需要，她没有跟兆辉住在一起。那天中午，她得到上级的紧急通知，国民党反动派已探听到了北楼会议召开的消息，正在集结武装部队，实行包围袭击。情况非常危急，不容多想，她马上从许边村向梁金山脚的北楼走去，她要赶在敌人的前头通知兆辉，通知同志们撤离！如果慢了，那就遭殃了！烈日当空，炎热非常，但邓秀娟全然不觉，她只顾急急地向前走。

到了，快到了，北楼就在前面不到五百米的地方了！

"姑娘，请喝杯茶吧，何必着急呢。"由于她心急赶路，竟没有发现路中央站着一位中年汉子，挡住了她的去路，并微笑着邀她喝茶。

邓秀娟定了定神，发现这里是瓜田，路旁有一茅棚，显然是看瓜用的。茅棚里还有一个年纪比较大的长者，坐在那里品茶。

邓秀娟思索：冲过去是很难的，而且也没有好处。从外表观察，他们不像无赖，但他们是什么人呢？如果他们是敌人的奸细，自己硬冲过去非死即伤，那兆辉他们就惨了；如果他们是党的外围护卫，我一冲，他们会把我当成敌人的奸细，必不会让我过去的，到时候有口难言，延误

碉楼

时间，那还了得？

　　思量之后，邓秀娟笑了笑答道："谢谢大叔，那我不客气了。"说完随那汉子步入茅棚，坐在门口的长凳上。

　　那汉子一边递茶一边问："姑娘走得这么急，请问到哪里去呢？""走亲戚。"邓秀娟答。那人又说："东有五福，西有六塘，南有七巷，北有八铺。不知姑娘要去哪？"邓秀娟听罢，凭直觉，这似乎是暗语，他可能是自己人，但可惜她走得急，忘了问刚才的上级来人今天的联络暗号。只以为今天自己找的是丈夫，一见面就好办了。现在，她束手无策了。不知就不能乱说，她只得老老实实地说："大叔，小女子没到哪里去。""那么你去哪里呢？"

　　这实在太难回答了！弄不好，会危及同志们的性命。但在这里纠缠多一秒钟，同志们就多一分危险！她非常着急，不知如何是好。突然，她想起一件事来：那年她和兆辉结婚不久，就到广州去参加党务学习，在那里几位极要好的同志得知他们新婚不久，就要他们派喜糖，那晚气氛祥和热烈。她最记得的是有位叫周文雍的年纪不大的同志，他闹新房时特别有兴致。他先出了一些对联让她对，她都一一对上了。之后，他又出了一个字谜让她猜，他说："左边看来三十一，右边看来一十三，两边合起来看三百二十三。"她心里就想，这不是个"非"字吗？因为"非"和"辉"在开平话中是同音的，她的脸不觉红了。在众人的起哄下，她只得说出谜底"非"字。周文雍和同志们都笑了起来，都说她是才女。现在，邓秀娟想，周文雍是广东有名的革命领导人，他闹新房这件事说不定会当笑话在党内流传吧，不管怎样，她都要搏一搏了。于是她对那汉子说："大叔，我要去的地方是：左边三十一，右边一十三，两边合起来嘛三百二十三。"

　　此言一出，坐在棚里一直没有出声的老者，突然说："姑娘，你是辉嫂吧！"这句话就是最好的暗号，说明在座的都是自己人。邓秀娟激动非常，但她来不及多说，只短促地对两人说："快，快，狼狗来了，快叫同志们向山上撤！"

　　5分钟后，在北楼开会的同志们都有序地向梁金山撤走了。10分钟后，一队队"黄狗"从寺前圩、振华圩、金山圩向北楼包抄过来。20分钟后，"黄狗"团团围住北楼，吼吼大叫，耀武扬威。待他们冲进北楼一看，却是人去楼空，只有一两个烟蒂，还冒着一点微弱的余烟。"黄狗"一个个气得直跺脚。